Sabine Bode / Fritz Roth

Wenn die Wiege leer bleibt

Sabine Bode
Fritz Roth

Wenn die Wiege leer bleibt

Hilfe für trauernde Eltern

Ehrenwirth

Wir danken den Verlagen Attempto, S. Fischer, Ernst Kaufmann, Kösel und Kreuz für die freundliche Erteilung von Abdruckgenehmigungen.

Ehrenwirth ist ein Imprint der Verlagsgruppe Lübbe

Originalausgabe

Schutzumschlaggestaltung: Krutz & Braun Design, St. Oswald-Riedelhütte, unter Verwendung eines Fotos von Getty Images Jim Cooper
Satz: ew print & medien service gmbh, Würzburg
Gesetzt aus der Adobe Caslon
Druck und Einband: Wiener Verlag, Himberg

Printed in Austria
ISBN 3-431-03344-X
5 4 3 2 1
Sie finden uns im Internet unter: http://www.luebbe.de

INHALTSVERZEICHNIS

Kapitel 6

WARUM DAS TRAUERN SO SCHWER FÄLLT: HISTORISCHE UND PSYCHOLOGISCHE HINTERGRÜNDE

Kapitel 7

DIE GANZE FAMILIE IN NOT

Kapitel 8

ABTREIBUNG — ODER DIE VERGESSENE TRAUER

Kapitel 9

WIE FACHLEUTE UND FREUNDE HELFEN KÖNNEN

Kapitel 10
TRAUERNDE ELTERN BRAUCHEN ZEIT

Kapitel 11
TRÖSTENDE ABSCHIEDE

Anhang

Vorwort

Sabine Bode, Fritz Roth

WARUM WIR DIESES BUCH GESCHRIEBEN HABEN

Wenn ein Kind tot zur Welt kommt, wenn Ärzte einer Schwangeren sagen: »Wir hören keine Herztöne mehr«, dann bricht eine Welt zusammen. Die Eltern haben sich auf neues Leben vorbereitet, nicht auf den Tod. Umso wichtiger ist, dass sie angesichts des unfassbaren Verlusts die eigenen Gefühle zulassen und persönliche Ausdrucksformen für ihre Trauer finden. In dieser schweren Krise sind einfühlsame Begleiter von größter Bedeutung. Das können Ärzte, Hebammen und Krankenschwestern sein, aber auch Pfarrer und Bestatter — und vor allem Familienmitglieder und gute Freunde.

Um trauernden Eltern zu helfen und allgemein ein Bewusstsein für deren Bedürfnisse zu wecken, haben ein Bestatter und eine Journalistin gemeinsam das vorliegende Buch geschrieben. Zwar ist in den Achtziger- und Neunzigerjahren eine größere Sensibilität für die Situation junger Trauernder entstanden. Dennoch geschieht es immer wieder, dass Mütter und Väter, die ein Kind so früh verloren haben, sich hilflos fühlen. Auch bei den Menschen aus ihrer Umgebung schlägt ihnen häufig Hilflosigkeit entgegen. Wir wissen, dass sich in dieser weit verbreiteten Hilflosigkeit keine Gedankenlosigkeit ausdrückt, sondern Betroffenheit — häufig ein tiefes Erschrecken. Eigentlich möchte man helfen mit tröstenden Worten oder Gesten, aber man weiß nicht, wie. Aus

Angst, etwas falsch zu machen, entscheidet man sich oft dafür, besser gar nichts zu tun und zu schweigen. So darf es aber nicht bleiben. Es ist wichtig, dass Angehörige, Freunde und Bekannte ihre Erschütterung und ihre Hemmungen in der Begegnung mit trauernden Eltern überwinden. Unser Wunsch ist es, dass Menschen rechtzeitig lernen, mit der eigenen Betroffenheit umzugehen, damit sie nicht länger wie gelähmt sind. Wir möchten sie dazu ermutigen, aktiv zu werden und, wenn nötig, über den eigenen Schatten zu springen, um trauernden Eltern beizustehen. Für alle Menschen, nicht nur für die, die beruflich mit Trauernden in Kontakt kommen, ist es ein Gewinn, wirklich informiert zu sein, *bevor* der Ernstfall eintritt. Und vielleicht geraten wir selbst einmal in eine solche Situation.

Viel wird in diesem Buch zu lesen sein über Schwangerschaft und Geburt, Trauer und Tod. Betroffene Eltern kommen dabei zu Wort. Sie enthüllen ihre schmerzvollen Gedanken und Gefühle; sie erzählen aber auch davon, dass es selbst in der Phase des Abschieds gute Momente des Trostes, der Kraft und der Geborgenheit gab. Somit entspricht das hier Aufgeschriebene auch dem, was in der Begegnung mit trauernden Müttern und Vätern tatsächlich zu erwarten ist. Wir glauben: Es wird auch eine gute Vorbereitung für den Umgang mit Trauernden sein.

Oft wird den Eltern das Recht auf Trauer abgesprochen, etwa mit der Bemerkung: »Aber das Kind hat doch noch gar nicht richtig gelebt.« Das ist falsch und verletzend. Über das Wachsen ihres verstorbenen Kindes zu erzählen bedeutet für die Eltern, sich zu vergewissern, dass es gelebt hat. Denn es ist nicht möglich, sich von einem Menschen zu trennen, der nicht wirklich existiert hat.

Misslungene Abschiede und unterdrückte Trauer können jedoch krank machende Folgen haben. Das haben wir ausführlich in unserem Buch »Der Trauer eine Heimat geben« behandelt. Es erschien uns nun notwendig, auf die besondere Situation von Eltern einzugehen, deren Kind bei der Geburt oder im Mutterleib starb und deshalb für die Menschen ihrer unmittelbaren Umgebung noch kein Gesicht hatte.

Abschließend bitten wir um Verständnis, dass wir in unserem Text auf die explizit weibliche Ausformulierung verzichtet haben. Zudem möchten wir allen Eltern und allen Helfern dafür danken, dass sie uns ihre Erfahrung und ihr Wissen zur Verfügung gestellt haben. Unser Dank schließt auch die anderen Menschen ein, die uns beim Entstehen dieses Buches unterstützt haben.

Eine Reihe von Frauen, deren Geschichte hier zu lesen ist, haben während der Zeit bis zur Veröffentlichung unseres Buches wieder ein Kind bekommen — ermutigende Zeichen für einen gelungenen Abschied und bewussten Umgang mit der eigenen Trauer.

Kapitel 1

DER GUTE ABSCHIED

PIONIERINNEN UND SELBSTHILFEGRUPPEN

Einige Menschen leisten in ihrem Leben Bahnbrechendes, das die Gesellschaft entscheidend verändert — aber ihre Namen bleiben im Hintergrund. In einem Fernsehquiz hätten sie kaum Chancen, erraten zu werden. Zum Beispiel Cicely Saunders. Kennt sie jemand? Und ihre Lebensleistung? »Cicely Saunders« lautet die richtige Antwort auf die Frage: »Wer begründete die Hospizbewegung?«

Gerade in jenen gesellschaftlichen Bereichen, in denen sich die bedeutsamen Themen »Sterben«, »Tod« und »Trauer« mit großem sozialem Engagement verknüpfen, wird weitgehend im Stillen gearbeitet. Das gilt besonders für Selbsthilfegruppen. Es sind im Allgemeinen nur Vornamen bekannt. Für Menschen, die Selbsthilfegruppen ins Leben riefen, gilt: Am Anfang stand eine dramatische Erfahrung, die ihrem Leben die entscheidende Wendung gab.

Ein gutes Beispiel hierfür ist Barbara Künzer-Riebel. Sie hatte fünf Tage nach der Geburt ihr Baby verloren, ihr erstes Kind. Aber kaum jemand aus ihrer Umgebung nahm die Trauer der Eltern ernst, denn, so hieß es damals, das Kind habe »ja noch gar nicht richtig gelebt«. Es war das Jahr 1982. Falschen Trost und gut gemeinte Ratschläge gab es reichlich. »Nun müsst ihr aber endlich mal vergessen«, wurde dem Paar nahe gelegt. Dies geschah zu einem Zeitpunkt, als die Brüste der Mutter noch immer Milch produzierten, weil ihr Körper die hemmenden Medikamente ignorierte. Die junge Frau wurde schwermütig. Manchmal erschien ihr Sterben als die bessere Alternative, denn im Tod würde sie — vielleicht — ihrem kleinen Sohn wieder nahe sein.

Schon bald konnten sich die Eheleute nicht mehr gegenseitig stützen. Immer häufiger war es so, als stünden sich zwei Fremde gegenüber. Jeder warf dem anderen vor, nicht »richtig« zu trauern. Und niemand klärte die jungen Eltern über ihren Irrtum auf. Keine Mutter, kein Vater, kein Arzt, kein Pfarrer sagte ihnen: »Jeder trauert auf seine Art. Das müsst ihr akzeptieren.« Stattdessen kamen die üblichen Trostworte: »Es wird schon wieder. Man kann eben nicht alles haben ...« Das war eine freundliche Umschreibung für die Aufforderung: »Stellt euch nicht so an!«

Meistens herrschte zwischen den Eheleuten ein ungutes Schweigen. Im Stillen fragte sich Barbara, ob ihr Leben überhaupt noch etwas besaß, was es lebenswert machte. Sie hatte ihr Kind verloren, und nun drohte auch noch die Ehe zu scheitern. Sie zweifelte an sich und an ihrer Wahrnehmung: War das, was sie empfand, normal? War es nicht wahrscheinlicher, dass ihre Umgebung Recht hatte und sie selbst auf dem besten Weg war, verrückt zu werden?

Eines Tages wusste sie, dass es nur noch einen Rettungsversuch für sie gab: Sie musste ein Notsignal aussenden. Mit einer Zeitungsanzeige suchte sie Frauen, die ähnliche Probleme hatten, und forderte sie auf, sich bei ihr zu melden. Es kamen über hundert Antworten. Dies war die Geburtsstunde der ersten deutschen Selbsthilfegruppe zum Thema »Glücklose Schwangerschaft«.

Als Barbara Künzer-Riebel und ihre engste Mitstreiterin Regine Schreier zum ersten Mal mit ihrem Anliegen an die Öffentlichkeit gingen, wurden sie ausgelacht. Dass da zwei junge Frauen laut und entschlossen um ihr Recht auf Trauer kämpften, erschien den meisten Menschen der Achtzigerjahre als absurdes Theater. »Problemchen« würden da aufgebauscht von zwei Frauen, die mit ihrer Zeit nichts Besseres anzufangen wüssten. Vom »Hausfrauensyndrom« war die Rede, ein Stichwort, das sofort augenzwinkerndes Einvernehmen herstellte und dafür sorgte, dass Ärzte, Pfarrer, Psychologen und Krankenschwestern das Thema wieder beiseite schieben konnten.

Heute existieren unter dem Dach der Initiative »Regenbogen, Glückliche Schwangerschaft e.V.« bundesweit vierzig Kontaktkreise für Eltern, die ihr Kind vor, während oder kurz nach der Geburt verloren haben. Unabhängig von »Regenbogen« sind inzwischen unzählige andere Gruppen entstanden, gelegentlich sogar angeregt durch Mitarbeiterinnen von Geburtskliniken. Vor allem in den letzten fünf Jahren ist einiges geschehen, um die Not von Eltern zu lindern, die ihr Kind verloren haben.

Man spürt durchaus eine Veränderung in Frauenarztpraxen und Hebammenschulen, vor allem aber in Krankenhäusern. Man kann also sagen: Wenn heute — was allerdings noch lange nicht die Norm ist — Mütter und Väter erleben, dass sie nach dem Verlust eines Kindes liebevoll begleitet und getröstet werden, dann ist das vor allem der Beharrlichkeit solcher Pionierinnen wie Barbara und Regine zu verdanken.

Einfühlsames Verhalten lässt sich nicht anordnen. Doch man kann dafür werben, ein Klima der Aufmerksamkeit schaffen und den Mitarbeitern entsprechende Seminare anbieten. Nur eine Minderheit nimmt bislang daran teil. Die Mehrheit hätte sie nötig.

Für die meisten Häuser gilt die folgende Aussage: »Ob die Eltern bei uns gut betreut werden oder gedankenlos, das hängt, ehrlich gesagt, immer noch davon ab, wer gerade Dienst hat.« So formulierte es die Pflegedienstleiterin eines großstädtischen Krankenhauses, das den Ruf hat, in ganz besonderer Weise auf die Bedürfnisse und Wünsche werdender Mütter einzugehen.

Im Grunde kann man auch niemandem so recht einen Vorwurf daraus machen. Wenn die Wiege leer bleibt, werden Menschen mit einem Ereignis konfrontiert, das für die meisten unheimlich ist und über das sie daher lieber schweigen. Sie schrecken davor zurück wie vor einer ansteckenden Krankheit. Es geschieht ganz unbewusst, und das ist der springende Punkt. Darum haben wir es mit einem Thema zu tun, das sich nicht herumspricht.

Es ist einiges geschrieben worden, vor allem von Frauen, die selbst ein totes Kind zur Welt brachten. Das eine oder andere Buch wurde schon vor zehn Jahren veröffentlicht. Leider ist so gut wie jeder Satz heute noch zutreffend. Für die meisten Autorinnen war es wichtig, auf diese Weise ihre Verletzungen zu verarbeiten, die ihnen durch Unwissenheit und Gedankenlosigkeit von ihrer Umgebung zugefügt worden waren.

Diese Selbsterfahrungsliteratur beschäftigt sich also überwiegend mit negativen Erlebnissen, und sie alle machen deutlich: Es müsste nicht sein! Das Drama der

Totgeburt wäre viel leichter zu überwinden, wenn Mütter und Väter offen trauern dürften.

Dennoch gibt es Gründe, optimistisch zu sein. Es wächst die Zahl der Menschen, die alle Möglichkeiten nutzen, um über das Thema »Totgeburt« aufzuklären. Zum heutigen Zeitpunkt wäre es wichtig, nicht ausschließlich auf das Leid der Betroffenen hinzuweisen. Es gibt inzwischen auch Eltern, die von einem gelungenen Abschied zu erzählen wissen. Sie haben im Zusammenhang mit dem schmerzhaftesten Einschnitt ihres Lebens auch anrührend schöne Erlebnisse gehabt. So wuchs ein kostbarer Erinnerungsschatz — eine Kraftquelle während ihrer Trauerzeit, die besonders dann stark sprudelte, wenn die Eltern anderen Menschen davon erzählen konnten.

ALLE WARTETEN AUF JONY

Die Ereignisse, die Eva und Martin Klimmsen* aus der Bahn warfen und dann letztlich auf einen guten Weg führten, sind der Stoff für eine Geschichte über Trauer und Lebensfreude. Eva und Martin, heute ein Paar von Anfang dreißig, hatten 1992 geheiratet. Damals waren sie noch in der Ausbildung gewesen; sie studierte Volkswirtschaft, er Mathematik. Wie die meisten Paare beschlossen sie irgendwann, eine Familie zu gründen.

Das Jahr 1996 ging auf sein Ende zu, als die Frauenärztin Eva zur Schwangerschaft gratulierte. Innerhalb kürzester Zeit wurde aus dem Ehepaar Klimmsen die Familie Klimmsen. Sobald feststand, dass es ein Junge

---

* Name geändert

werden würde, hatte das Glück auch schon einen Namen: Jony. Auch die Verwandten und die Freunde empfanden, dass da eine neue, kleine Person aufgetaucht war, sehr präsent — nur eben noch nicht sichtbar.

Eva und Martin hatten beide mit ihren Chefs Teilzeitarbeit ausgehandelt. Sie wollten nicht, dass der eine Elternteil die ganze Zeit zu Hause blieb, während der andere beruflich so eingespannt war, dass er den Kleinen kaum zu Gesicht bekam. Sie waren umgezogen, weil ihnen eine Wohnung in der Nachbarschaft von Evas Firma günstiger erschien. Das Kinderzimmer war frisch tapeziert und bunt eingerichtet worden. Alles wartete auf Jony.

Es seien die schönsten Monate ihres Lebens gewesen, sagt die Mutter rückblickend. »Ich war einfach nur das blühende Leben. Mir ging es nur gut. Ich war dick und rund und zufrieden.« Während sie davon spricht, entspannt sich ihr Gesicht, und für einen ganz kurzen Moment hat sie wieder das umwerfend strahlende Aussehen, das man häufig bei Schwangeren antrifft. Martins schmales, blasses Gesicht zeigt ein kurzes Lächeln. »Du warst so voller Lebensfreude«, bestätigt er. »Das war für alle ansteckend. Alle haben schon von Jony geredet, genau wie wir. Alle haben sich mit uns gefreut.«

Und fast allen Freunden und Kollegen schossen die Tränen in die Augen, als sie erfuhren, dass der Kleine bei der Geburt gestorben war. Niemand versuchte, den Eltern ihre Trauer wegzuschwätzen.

WIE EINE STERNSCHNUPPE

Während wir in der Küche Tee trinken und über Jonys Tod reden, leuchtet zwischendurch immer wieder etwas auf, was man die Strahlkraft einer schönen Erinnerung nennen könnte — hell und kurz, wie eine Sternschnuppe. Und wir, die wir zu Besuch gekommen sind, fangen an zu begreifen, was eine Mutter damit meinte, als sie in einer der seltenen Fernsehsendungen über unser Thema sagte: »Für uns Eltern ist es so wichtig, dass wir auch *schöne* Erinnerungen haben. Jede Einzelheit ist kostbar. Auf diese Weise entschädigen wir uns ein bisschen dafür, dass die Zeit, die wir mit unserem Kind erleben durften, so grausam kurz war.«

Wir fangen an zu begreifen, warum Eva und Martin eingewilligt haben, mit uns zu sprechen. Die Eltern wollen von ihren schmerzlichen Erfahrungen erzählen, aber eben auch von ihren guten. Sie wollen uns zeigen, dass sie die Eltern eines schönen Babys geworden sind. Sie sagen: »Wir haben ein Kind« — und nicht: »Wir hatten ein Kind.« Das klingt zunächst irritierend. Aber wie sollte es auch anders sein? Eva war neun Monate schwanger, sie hat ein Kind geboren, sie ist Mutter geworden. Martin ist Vater geworden. Er war bei der Geburt dabei. Selbstverständlich fühlen sich die beiden als Eltern. Vor uns auf dem Küchentisch liegen Fotos von einem hübschen, friedlichen Neugeborenen. Jony starb am 19. Juli, an dem Tag, an dem er geboren werden sollte.

Das liegt zum Zeitpunkt unseres Gesprächs ein halbes Jahr zurück. Wir sprechen mit Eltern, die trauern, doch sie sind nicht jede Minute des Tages fassungslos über das, was geschehen ist. Sie sind nicht am Boden zerstört. Aber man sieht ihnen an, dass sie eine sehr schwere Zeit hinter sich haben.

Wir wagen nicht zu fragen, was für sie das Allerschlimmste gewesen ist. Eva scheint das zu spüren. Zu unserer Überraschung sagt sie: »Die quälendste Zeit war eigentlich die, wo wir immer wieder gedacht haben: Die im Krankenhaus sind schuld. Die haben unseren Sohn auf dem Gewissen. Das ist viel schlimmer als Trauer — dieser Hass.«

In der Selbsthilfegruppe, die sie und ihr Mann seit einigen Monaten regelmäßig besuchen, haben sie erfahren, dass es anderen Eltern genauso erging. Am Anfang sei das eben so, meint Martin, man beschuldige andere oder sich selbst. Seine Frau nickt: »Man fühlt sich ja auch selber schuldig genug.«

Inzwischen sehen sie ein, dass ihr Sohn durch eine Verkettung unglücklicher Umstände gestorben ist. »Er ist übertragen gewesen«, sagt die Mutter. »Das ist ganz klar.« Aber die Alarmzeichen seien zu schwach gewesen, als dass sie von den Medizinern oder der Hebamme rechtzeitig hätten erkannt werden können. Das Kind starb während der Geburt.

Heute sind die Eltern dankbar für die eindeutige Diagnose. Sie bedeutet, dass sie der Zukunft wieder vertrauen können. Martin erklärt: »Wir wissen ja, dass wir eigentlich gesunde Kinder haben können. Viel schlimmer dran sind doch die Leute, die mehrere Fehlgeburten hatten.«

Er und seine Frau erzählen von der Sommernacht, als sie zur Entbindung fuhren. Das Krankenhaus lag eine knappe Autostunde entfernt. Seine Abteilung für Geburtshilfe war in der ganzen Region bekannt für die gute medizinische, vor allem aber für die gute menschliche Betreuung. »Wir waren während der Fahrt gut drauf«, erzählt Eva. Endlich sollte es so weit sein. Ihr war klar, dass man in der Klinik die Geburt künstlich einleiten würde, denn ihre Wehen waren zu schwach. Jony gehörte zu den Babys, die sich mit ihrem Erscheinen auf dieser Welt Zeit ließen. Eva selbst machte sich keine Sorgen. Sie wusste von der Unzuverlässigkeit der errechneten Geburtstermine. Eine Freundin hatte ihr Kind erst drei Wochen nach dem Stichtag auf die Welt gebracht. So saßen sie also im Auto, hörten ihre Lieblingsmusik und sangen mit.

EINE GEBURT BEI VOLLMOND

Plötzlich knuffte Eva ihren Mann in die Seite und zeigte aus dem Fenster. Ein riesiger Mond ging hinter den Hügeln auf. Eva freute sich: »Jetzt lässt sich Jony doch noch vom Vollmond holen.« Kurz darauf spürte sie eine heftigere Wehe und damit die Hoffnung, dass die Geburt ganz normal verlaufen würde.

Wie alle hochschwangeren Frauen wurde sie sofort nach der Aufnahme im Krankenhaus an das Gerät mit der Kurzbezeichnung CTG (Cardiotokograf) angeschlossen, das die Herztöne und die Wehen aufzeichnet. Plötzlich gab es ringsum besorgte Gesichter. Unruhe entstand. Die Hebamme ließ einen Arzt rufen. Eva bekam Panik: »Was ist mit Jony?«, rief sie immer wieder. »Tut doch was! Was ist mit Jony?«

Zwei Stunden später sagte ihr der Arzt, dass es keine Herztöne mehr gäbe. »Wir müssen ihnen leider sagen, dass ihr Kind tot ist.«

Gleichzeitig erfuhr Eva, dass sie nun noch entbinden müsse. Sie konnte erst gar nicht glauben, was man da von ihr verlangte. »Das ist nicht Ihr Ernst!«, rief sie fassungslos. »Machen Sie einen Kaiserschnitt! Holen Sie das Kind da raus! Ich will damit nichts mehr zu tun haben!«

Der Arzt sagte, das sei nicht möglich. Er versuchte ihr klar zu machen, dass ein Kaiserschnitt ein ungleich größeres Risiko für ihre Gesundheit bedeuten würde. Und Eva dachte: Das ist hier die Hölle. Ich kann das Baby doch jetzt nicht auch noch kriegen!

»Es kam mir richtig pervers vor«, erzählt sie. »Ich hab gedacht, das sei nur in diesem Krankenhaus so und woanders würden sie den Kaiserschnitt machen. Ich hab gedacht: Die spinnen hier wohl. Man kann es auch übertreiben mit der natürlichen Medizin.«

Es war kurz vor Mitternacht gewesen, als Eva und Martin erfahren hatten, dass Jony tot war. Vierzehn Stunden später wurde er geboren. Wenigstens musste die Mutter während der langen Zeit nicht mehr unter den Wehen leiden. Sie bekam eine PDA (Periduralanästhesie), und das Narkosemittel, das man ihr zwischen die Lendenwirbel gespritzt hatte, machte es sogar möglich, dass sie irgendwann morgens ein bisschen schlafen konnte. Das Bett stand in einem Zimmer, das abseits lag vom Hauptgeschehen auf einer Entbindungsstation. Man wollte ihr den Anblick von Frauen, die gerade entbunden hatten, und das Schreien von Babys ersparen.

WIR HABEN GEWEINT, GEWEINT, GEWEINT …

Eva war nie allein. Martin war immer bei ihr. »Wir lagen die meiste Zeit auf dem Bett und haben uns aneinander festgehalten«, sagt er. Eva nickt. Ja, sie hätten sich festgehalten und geweint, geweint, geweint …

Und dann kam Jony zu ihnen. Nicht zu klein, nicht entstellt. Ein ganz normales, süßes Baby. Ein Kind zum Liebhaben. Die Eltern nahmen ihren toten Sohn abwechselnd in den Arm. Sie streichelten ihn, sie suchten und fanden Ähnlichkeiten: »Guck mal, *deine* Ohren. Aber winzig.« — »Stimmt. Und er hat *dein* Kinn.«

Sie haben ihr Kind gebadet, und sie haben es selbst getauft. In aller Ruhe konnten die Eltern ihr Baby kennen lernen und von ihm Abschied nehmen. Während dieser Stunden kamen auch Evas Mutter und ihr Bruder in die Klinik — erschüttert zwar, aber ihr Wunsch, den Eltern beizustehen, war größer als ihre Angst vor der Begegnung mit dem toten Baby. So wurde der kleine Jony in die Familie aufgenommen, in der er immer seinen Platz haben wird.

In der Küche schenkt sich Martin Tee ein, und seine Frau nimmt ein Foto zur Hand. Das Kostbarste, was die Eltern von ihrem Kind besitzen, sind diese Bilder und seine Fußabdrücke. Mit einem leisen Lächeln legt die junge Frau das Foto wieder auf den Tisch und verrät: »Mit blauen Füßchen ist er dann ins Grab gegangen.«

Und das war das Ende des Abschieds? Keineswegs. Das war nur der erste Teil. Der zweite Teil begann mit einem Termin in einem Bestattungshaus. Der Name war in der Klinik gefallen. Es war eine Information unter der Hand, wie Martin betont, denn eigentlich dürften Mitarbeiter dort keine Firma empfehlen.

Irgendwann saßen sie dem Bestatter gegenüber, am Ende ihrer Kraft und auch verwirrt. Auf eine Geburt waren sie vorbereitet gewesen — aber nicht auf den Tod. Als Erstes erfuhren die Eltern, dass sie ihr Kind jederzeit sehen könnten, dafür habe das Haus so genannte Abschiedszimmer eingerichtet. Zum Zweiten brachte der Bestatter die Eltern auf die Idee, selbst etwas zu zimmern — ein kleines Haus vielleicht —, statt einen Sarg zu kaufen.

Das junge Paar war völlig überrascht. Aber der Vorschlag gefiel ihnen auf Anhieb: Das war es! Jony sollte ein Haus bekommen! Schon fühlten sie sich wieder ein bisschen kräftiger. Sie hatten einen Plan. Es gab etwas zu tun.

Drei Tage lang bastelten sie an dem Häuschen. Sie hatten es selbst entworfen und sich das Holz vom Baumarkt geholt. Großes handwerkliches Geschick besaßen beide nicht, aber es reichte aus für das, was sie sich vorgenommen hatten: ein bunt verziertes Holzhaus mit einem roten Dach, das man abnehmen konnte.

Natürlich kann es Eltern nicht gut dabei gehen, wenn sie für ihr Baby einen Sarg bauen. Dennoch: Es hat ihnen gut getan. Gern zeigen sie uns auch die Fotos, und damit wird uns deutlich: Sie erinnern sich gern an diese Zeit vor dem Begräbnis. Es sind die Tage, in denen sie trauerten und gleichzeitig Kraft tankten, weil sie das Gefühl hatten, sie konnten noch etwas für Jony tun. Außerdem war es ihnen möglich, ihrem Kind etwas ganz Persönliches zum Abschied mitzugeben.

Familienmitglieder und enge Freunde kamen in diesen Tagen zu ihnen; auch das stärkte sie. Man saß einfach nur zusammen, weinte, trank Tee und sprach über das, was immer noch unfassbar war. Vor allem aber hatten sie das Glück, dass ihre Hebamme eine junge Frau war, die eine klare Vorstellung davon besaß, was traumatisierte und trauernde Eltern in den allerersten Tagen brauchen: Ruhe, Begleitung und Segen.

Die Hebamme handelte nach dem Prinzip: Segen kann man eigentlich gar nicht genug kriegen. Jedenfalls dann nicht, wenn man gerade sein Kind verloren hat. Die Frau kannte sich aus mit indianischen Ritualen und handhabte sie mit so viel Souveränität und Warmherzigkeit, dass Eva und Martin, obwohl sie beide Christen waren, sich der wohltuenden Wirkung nicht entziehen wollten. »Das war wohl alles so ein bisschen schamanisch. Aber es war schön«, erzählt Eva. »Dies alles war sehr ...« Sie zögert, doch dann spricht sie das Wort aus: »Heilig war es.«

EIN ABSCHIED IN VIELEN SCHRITTEN

Kräuter wurden entzündet, von denen es hieß, ihr Rauch bewirke Gutes. »Sie hat mit dem Rauch sogar das zugeschnittene Holz gesegnet«, erinnert sich Martin, »und später dann das fertige Haus. Außerdem hat sie noch heilige Steine draufgeklebt. Mir ist das alles etwas fremd ... Aber es hat uns gefallen und sehr geholfen, weil so jeder weitere Schritt unseres Abschieds wichtig war.«

Auch ihre engsten Freunde, ein Ehepaar, wurde in ein indianisches Ritual mit einbezogen. Der Mann sollte der Patenonkel von Jony werden, während die kleine Tochter der Freunde bereits Patenkind von Martin war. Eva berichtet davon mit glänzenden Augen: »Dann hat sie uns Mütter, Inga und mich, mit Rauch gesegnet.« Die Hebamme hatte verstanden, dass noch andere Menschen um Jony trauerten und es gut sein würde, genau in dieser Phase des Trauerns das Band zwischen den beiden Paaren zu stärken. Sie wusste, dass Eltern, die ihr Kind verloren haben, dazu neigen, jungen Familien in ihrem Freundeskreis aus dem Weg zu gehen, aus Angst, sie würden die Begegnung mit kleinen Kindern nicht verkraften. Das Ritual half Eva und Martin über diese Hemmung hinweg.

Außerdem hat es Eva als Mutter bestätigt. Ein so reicher Segen schafft ein emotionales Gegengewicht zu der allgemein verbreiteten Haltung, Frauen, die ihr Kind verloren haben, sollten so schnell wie möglich alles vergessen: ihre Schwangerschaft, das Kind und natürlich ihre Mutterschaft. Aber damit würden Frauen wie Eva einen Teil ihrer Identität leugnen, und das ist auf lange Sicht noch keinem Menschen gut bekommen.

Für Eva Klimmsen wäre es nahe liegend gewesen, sich in ihrer Trauer Hilfe von der Kirche zu holen. Sie hat es auch versucht. Vom Krankenhaus heimgekehrt, hatte sie einen Pfarrer aus ihrem Bekanntenkreis angerufen, um mit ihm die Einzelheiten des Begräbnisses zu besprechen. Die junge Mutter merkte, dass der Mann am Telefon tief erschüttert war. Als er noch am selben Abend bei ihr im Wohnzimmer saß, stellte sie fest, dass er mit der Situation völlig überfordert war. Der Pfarrer blieb die ganze Zeit so gut wie stumm. Weder kamen von ihm Anregungen für die Trauerfeier, noch machte er irgendeinen seelsorgerischen Vorschlag, womit er den Eltern während der Tage vor der Beerdigung ein bisschen hätte beistehen können. »Der Mann hat uns richtig Leid getan«, sagt Eva. »Und ich will ihm auch gar keinen Vorwurf machen. Aber das ging einfach nicht. Nachher, als er weg war, haben wir gesagt: Also, wenn wir am Grab auch noch auf den Priester Rücksicht nehmen müssen ...«

Rückblickend glauben Eva und Martin, dass sie in ihrem Unglück durch viele glückliche Umstände geschützt wurden. In ihrer größten Not und Verwirrung fanden sie Menschen, die sie begleiteten: Hebammen, Ärzte, Krankenschwestern, die Familie, Freunde und den Bestatter.

Die jungen Eltern entschieden sich für eine Beerdigung ohne Pfarrer. Am Grab des toten Kindes standen die engsten Verwandten und Freunde sowie die Hebamme. Der Bestatter hielt eine Traueransprache, die alle Anwesenden tief berührte. Ein unchristliches Begräbnis? Durchaus nicht, findet Eva; schließlich hätten sie zusammen gebetet. Und was der Bestatter sagte, habe sich »tief gläubig« angehört. In seine Rede hatte er einige Texte eingewoben, die von Eva und von ihrer Mutter am Vortag geschrieben worden waren. Ein paar Zeilen möchten wir hier gern wiedergeben. Sie stammen von Evas Mutter:

Als ich eben an Jony dachte, habe ich so ein Gefühl gehabt, als ob in den Sternen ein kleiner Junge zu mir schaut und sagt:

»Ihr werdet euch noch wundern, wie gegenwärtig ich sein werde:

Wie die Liebe und die Zartheit zwischen Mama und Papa wachsen werden und einen Namen haben: Jony!

Wie die Ehrfurcht vor dem Leben und vor dem Tod wachsen wird und einen Namen hat: Jony!

Wie das Mitgefühl für das Leid und den Schmerz anderer wachsen wird und einen Namen hat: Jony.

Wie die Fähigkeit zum Wieder-glücklich-sein wächst und einen Namen hat: Jony.

Drum denkt an mich, wie ich in den Sternen tanze (oder auf dem kleinen Finger vom lieben Gott) und immer bei euch bin, und wenn ihr nicht mehr weint, dann lacht mir mal zu.

Euer Jony.

Kapitel 2

DER SCHWIERIGE UMGANG MIT EINEM TABU

WAS DAS GESETZ VORSCHREIBT

Tote Kinder müssen bestattet werden. So verfügt es das Gesetz, und niemand würde dem widersprechen. Aber wann ist ein Totgeborenes ein Kind, und wann ist es noch kein Kind? Die Mikrofotografie hat das Höhlenleben im Mutterleib sichtbar gemacht. Die meisten Eltern besitzen also eine klare Vorstellung von dem Geschöpf, das sich im Uterus eingerichtet hat. Ab der zwölften Woche hat es sich bereits so entwickelt, dass es als werdender Mensch zu erkennen ist. Was sich danach beim wachsenden Fötus noch stark verändert, sind lediglich die Proportionen von Kopf zu Körper. Für Eltern, die ihr Baby verloren haben, mag bereits die Frage »Wann ist ein Kind ein Kind?« eine zusätzliche Verletzung bedeuten.

Dem Gesetzgeber aber geht es nicht um Gefühle, sondern um juristisch handhabbare Kriterien. Danach besteht Bestattungspflicht, wenn »nach der Scheidung vom Mutterleib« weder Herzschlag noch eine pulsierende Nabelschnur, noch Lungenatmung existieren und das Kind ein Mindestgewicht von fünfhundert Gramm hat. Diese Gewichtsgrenze ist im Übrigen auch bei Frühgeburten von grundlegender Bedeutung, denn erst ab fünfhundert Gramm gibt es eine, wenn auch nur geringe, Überlebenschance. Totgeborene, die weniger wiegen, will das Gesetz »in hygienisch einwandfreier Weise«

beseitigt wissen. Aus juristischer Sicht handelt es sich im Prinzip nicht mehr um eine »Leibesfrucht«, die gelebt hat, sondern um einen Vorgang, nämlich eine Fehlgeburt.

Bis 1998 gab es überdies eine gesetzliche Regelung, an die sich die Behörden vor Ort mit gnadenloser Konsequenz hielten, selbst wenn dadurch die Gefühle der Hinterbliebenen in rücksichtsloser Weise verletzt wurden. Kinder unter fünfhundert Gramm hatten kein Recht auf einen Namen. Ins Sterbebuch wurden sie eingetragen als »Totgeburt männlich« oder »Totgeburt weiblich«.

Inzwischen können sie, wenn die Eltern es wünschen, im Sterbebuch sowie im Geburten- und Familienbuch mit Namen erscheinen.

Was den Namen eines tot geborenen Kindes anbelangt, nehmen die gesetzlichen Bestimmungen also Rücksicht auf die Trauer der Hinterbliebenen. Um das Grab muss allerdings in vielen Fällen weiterhin gekämpft werden.

So erinnerte Sabine Paul in dem Hamburger Wochenblatt »Die Zeit« vom 8. 1. 1998 in einem Beitrag, der den Titel »Totenhemd statt Taufkleid« trug, an einen eklatanten Fall von Gesetzestreue aus den Neunzigerjahren: Der für einen städtischen Friedhof in Berlin zuständige Beamte hatte verfügt, dass ein gerade erst bestattetes, nur vierhundertsechzig Gramm schweres Baby wieder ausgegraben werden sollte. Es habe eines Machtwortes des Bezirksbürgermeisters bedurft, hieß es in dem Artikel weiter, um dem kleinen Toten seine Ruhe zu lassen.

In Hessen kam es 1999 zu folgender Situation: Eine Mutter hatte Drillinge tot zur Welt gebracht. Zwei der Kinder wogen mehr als fünfhundert Gramm, das Gewicht des dritten lag darunter. Das zuständige Friedhofsamt wollte deshalb nur das Begräbnis von zwei Kindern zulassen. Die Auskunft lautete hart und unmissverständlich: »So steht es im Gesetz. Da können wir leider nichts machen.« Es ließ sich dann aber doch etwas machen — allerdings erst dann, als ein Pfarrer sich des Falles annahm. Nach einem längeren Kampf, zu dem die Mutter der Drillinge nicht fähig gewesen wäre, erreichte er schließlich, dass alle drei Kinder gemeinsam beerdigt werden durften.

EIN GNADENAKT DER VERWALTUNG

In Deutschland ist das Friedhofs- und Bestattungswesen landesrechtlich geregelt; somit gibt es keine bundesweit verbindliche Norm für die Bestattung tot geborener Kinder. Die Gesetzgebungsbefugnis der Länder wird durch das Grundgesetz und das Bundesseuchengesetz eingegrenzt. Die Friedhofsordnung wird kommunal geregelt (dies erklärt im Übrigen auch die großen Unterschiede in den Kosten und Gebühren); es existieren aber so genannte Musterfriedhofssatzungen, damit zumindest optisch ein einheitliches Bild gewahrt bleibt. Proteste von Selbsthilfegruppen, aber auch von Hebammen und von Seelsorgern, haben in den letzten Jahren zu einer Praxis geführt, wonach Begräbnisse bei Kindern, die weniger als fünfhundert Gramm wiegen, ebenfalls möglich sind. Die Eltern müssen beim Friedhofsamt einen entsprechenden Antrag einreichen zusammen mit einer formlosen Bescheinigung des Arztes, der die Schwangerschaft bestätigt.

Dennoch, sagen Kritiker, bleibe auf diese Weise das Begräbnis ein Gnadenakt der Verwaltung. Die von Bundesland zu Bundesland unterschiedlichen Regelungen sorgen für zusätzliche Verunsicherung bei den Eltern, die unter dem Schock des Verlusts stehen. Außerdem besteht die Gefahr, dass sie von irgendeinem wenig flexiblen Verwaltungsangestellten falsch informiert oder gefühllos abgefertigt werden.

Darum wehren sich Selbsthilfegruppen, Hebammen, fortschrittliche Theologen und Bestatter gegen eine Selektion, bei der ein paar Gramm darüber entscheiden, ob ein totes Kind ein Mensch oder lediglich Material ist. Sie wollen nicht bloß eine Bestattungs*pflicht*, sondern fordern ein Bestattungs*recht* für alle Kinder. Dies müsse auch bedeuten, dass einkommensschwache Eltern einen klaren Anspruch gegenüber dem Sozialamt hätten. Begräbnisse — selbst solche, die derzeit laut Gesetzgeber nicht sein *müssen* — dürften nicht am fehlenden Geld scheitern.

Eine Kinderbestattung kann eintausendfünfhundert Euro und mehr kosten. Um betroffene Familien finanziell zu entlasten, gibt es zunehmend auf Friedhöfen anonyme Gräberfelder »für Fehl- und Totgeburten«, wie es im Amtsdeutsch heißt. Auf diese Weise können die Kosten auf knapp ein Drittel gesenkt werden.

Aber müssen diese Kinder im Tod namenlos bleiben?

Es geht auch anders, und die Beispiele hierfür häufen sich. Eine der vorbildlichen Begräbnisstätten ist ein Gräberfeld auf dem alten Hermann-Friedhof in Augsburg. Die meisten Babys, die hier in einer labyrinthförmigen Anlage beerdigt wurden, sind noch im Mutterleib oder während der Entbindung gestorben. Es gibt keine Grabreihen und keine rechteckig eingegrenzten Ruhestätten. Dennoch ist dies alles andere als ein anonymer, unpersönlicher Ort. Viele Eltern haben die Stelle, an der ihr Kind liegt, durch eine kleine Steinplatte mit Namen gekennzeichnet. Oder sie haben einen Rosenstock, manchmal auch ein Apfelbäumchen gepflanzt.

Das anrührende Fleckchen Friedhof existiert erst seit einigen Jahren. Gelegentlich besuchen auch ältere Frauen die Kindergräber. Wer mit ihnen ins Gespräch kommt, erhält eine aufschlussreiche Erklärung: Endlich hätten auch sie einen — freilich nur symbolischen — Ort für ihre Trauer gefunden. Es sind Frauen, die vor dreißig, vierzig oder fünfzig Jahren ein Kind verloren haben. Sie haben es nie gesehen. Sie haben es nicht begraben.

Ihr Kind wurde »in hygienisch einwandfreier Weise« entsorgt. Kaum jemand im Krankenhaus wäre damals auf die Idee gekommen, dass dadurch den Frauen seelische Verletzungen zugefügt wurden. Im Gegenteil. Das Verschwinden der toten Kinder galt als ein Akt der Barmherzigkeit gegenüber den Eltern. Sie sollten so schnell wie möglich vergessen. Es entsprach voll und ganz der gesamtgesellschaftlichen Einstellung.

In einem Krankenhaus, und vor allem auf der Geburtshilfestation, ist der Tod stets so etwas wie ein persönlicher Feind, dem man auch heute noch, wenn man die Wahl hätte, lieber nicht ins Auge blicken würde. Zu den Vermeidungsstrategien gehört es, eine bestimmte Zimmertür nicht zu öffnen, Angehörigen aus dem Weg zu gehen, auf dem Flur vorbeizuschauen, Wichtiges zwischen Tür und Angel mitzuteilen und möglichst jedes Gefühl aus der Stimme zu nehmen. Dass solch unbewusstes Verhalten stets auf Kosten der betroffenen Eltern geht, haben Einzelne schon immer gewusst. In den Achtzigerjahren gab es die ersten Vorstöße auf institutioneller Ebene. Unter dem Titel »Bremer Thesen« wurde 1984 ein Text verfasst, der die Mitarbeiter der Frauen- und Kinderkliniken in der Stadt zu mehr Selbstbeobachtung aufforderte. Wir zitieren einen Ausschnitt:

Die erste Frage sollte nicht lauten: »Wie soll ich mit den Eltern umgehen?«, sondern: »Wie gehe ich mit dem Ereignis um?« Unser Verhalten gegenüber der unglücklichen Mutter ist stark davon bestimmt, wie wir selbst den Kindstod erleben. Erleben wir ihn schuldhaft (als Versagen der Medizin?), wehren wir eine emotionale Beteiligung ab und konzentrieren uns auf die technischen Aspekte von Medizin und Pflege? Macht uns das Ereignis aggressiv, weil wir schmerzlich die Grenzen unserer Macht und unseres Vermögens erfahren? Macht es uns hilflos, weil wir weder Gedanken noch Sprache dafür haben?[1]

Hilflosigkeit macht stumm. Oder sie führt zu Verlegenheitssätzen, die im günstigen Fall banal und im ungünstigen Fall für das Gegenüber verletzend sind. Niemand macht das mit böser Absicht. Das wissen Eltern, die solchen Reaktionen ausgesetzt sind, sehr wohl. Trotzdem tut es ihnen weh. In Kreisen, in denen man von Berufs wegen mit Schwangeren häufig oder ständig Kontakt hat, wird heutzutage das Thema »Totgeburt« nicht mehr verschwiegen. Dass viele Helfer damit Schwierigkeiten haben, steht auf einem anderen Blatt.

Anders der Wissensstand in der Bevölkerung. Da ist das Ausmaß der Ahnungslosigkeit überwältigend. Es gibt zentrale und damit folgenschwere Fakten, die kaum bekannt sind, eben weil so wenig über die Umstände von Tot- oder Fehlgeburten gesprochen wird. Die meisten Menschen wissen nicht, dass bei einem späten Schwangerschaftsabbruch — um die achtzehnte Woche — die Frauen ihr totes Kind auf die Welt bringen, dass sie also eine Geburt erleben. Solange aber kaum jemand weiß, wie verwundet Eltern sind, die ihr Kind verloren haben, so lange werden gedankenlose Trostsprüche — wie »Ach, ihr seid doch noch jung, ihr könnt doch noch so viele

Kinder haben« — die Eltern erneut verletzen und ihr Recht auf Trauer infrage stellen.

EIN THEMA, VOR DEM ALLE ANGST HABEN

Im gesellschaftlichen Schweigen spielen die Medien die Hauptrolle. Dass sie so selten Themen wie »Totgeburt und trauernde Eltern« behandeln, ist auf den ersten Blick schwer zu verstehen; denn eigentlich gehören die menschlichen Dramen rund um Liebe und Tod zu den Lieblingsthemen der Medienmacher. Dies gilt besonders für die Sender, deren Talkshows Tag für Tag die intimsten Gefühle und Erlebnisse öffentlich ausleuchten. Alles, was zu Herzen geht, hat hier einen hohen Informationswert. Ganz oben steht das Leid der Kinder: Krankheit, Gewalt, sexueller Missbrauch, Mord.

Der Tod so kleiner Kinder aber ist ein unauffälliges Geschehen und damit keine Schlagzeile wert — es sei denn, die Eltern hätten den Arzt verklagt.

Wir fragen uns, wie man diese Zurückhaltung ändern könnte. Denn sie dient niemandem, und sie bedroht nicht einmal die Quoten. Es hat sich gezeigt, dass die seltenen Beiträge über trauernde Eltern fast immer ein überraschend großes Echo auslösten. Das führte aber nicht zu dem sonst üblichen Effekt, dass anschließend häufiger darüber berichtet wurde.

Wohl merkt der Redakteur: Aha, das ist ein wichtiges Thema. Aber es veranlasst ihn nicht, der Sache weiter nachzugehen. Das Thema »Totgeburt« wird abgeschoben. Es landet im November-Ordner. Dort ruht es dann, bis die Jahreszeit kommt, in der die Medien vielstimmig über neue Wege der Trauerkultur nachdenken. Der Redakteur wird den November-Ordner öffnen, und dann wird er aller Wahrscheinlichkeit nach ein ganz anderes Trauerthema wählen, vielleicht über Grabsteine oder über neue Gebete. Er wird nicht darüber nachdenken, warum er so handelt. Würde er gefragt, käme als Antwort die Erklärung, journalistische Kriterien seien für ihn ausschlaggebend gewesen.

Am Verschweigen der Not trauernder Eltern sind auch die Kirchen beteiligt. Zwar gibt es inzwischen recht passable Anleitungen für Seelsorger, zwar setzen sich an vielen Orten in Deutschland Gemeinden und Gremien für kostengünstige Gräberfelder ein, zwar bemühen sich die Amtskirchen darum, dass rigide, trauerfeindliche Gesetze beseitigt werden — sie tun also viel Gutes, aber sie hängen es nicht an die große Glocke. Warum eigentlich nicht?

Die Zurückhaltung gerade der katholischen Kirche hat etwas Rätselhaftes. Sie, die sich so rückhaltlos für das ungeborene Leben einsetzt und dabei weder Kosten noch Mühen scheut, muss ja wohl um die tiefe Bindung wissen, die zwischen Mutter und Kind bereits während der Schwangerschaft entsteht. Warum ist ihr nie in den Sinn gekommen, eine Kampagne zu starten, um die Wissenslücken in der Bevölkerung und natürlich auch bei den Priestern zu schließen?

Wir haben bei der Deutschen Bischofskonferenz nachgefragt und die Auskunft erhalten, dies sei ein sensibles Thema, das man nicht grell ausleuchten dürfe. Und im Übrigen beträfe es nur etwa dreitausend Kinder im Jahr. In einer 1993 von der Bischofskonferenz herausgegebenen Broschüre für Seelsorger stehen jedoch andere Zahlen: Sechstausend Kinder werden tot geboren bzw. sterben innerhalb der ersten Woche nach der Geburt.

Aber sind diese Angaben tatsächlich aufschlussreich? Was ist mit den Fehlgeburten? Was ist mit den Schwangerschaftsabbrüchen? Wie stark oder wie schwach wird hier der Verlust eines Kindes oder der Verzicht empfunden? Wenn es stimmt, dass bei der Trauer um ein Kind die Bindung entscheidend ist — und nicht Gewicht, Wochen und Monate —, dann wird es unmöglich sein, sich auf eine Zahl zu einigen. Die Schätzungen schwanken zwischen dreitausend und dreißigtausend im Jahr. Auch die Zahl fünfzigtausend war schon im Gespräch. Der Bundesverband von Pro Familia geht davon aus, dass von den hundertdreißigtausend Abbrüchen im Jahr 1997 fünf Prozent medizinisch indiziert waren, das heißt, dass es sich hier um erwünschte Schwangerschaften gehandelt hat. Diverse Studien kommen zu der Schlussfolgerung, dass schätzungsweise fünf bis zehn Prozent aller Schwangerschaften mit einer Fehlgeburt enden.

DIE ZEIT ALLEIN HEILT KEINE WUNDEN

Es gibt noch eine andere Rechnung: Wird von zehntausend toten Kindern pro Jahr ausgegangen, sind das in zehn Jahren hunderttausend. Zurück bleiben zweihunderttausend betroffene Eltern. Das mag auf den ersten Blick übertrieben wirken — in den Selbsthilfegruppen hält man allerdings diese Sichtweise für realistisch. Dort melden sich nicht nur Mütter und Väter, die gerade erst ihr Kind verloren haben, sondern auch Menschen, die noch viele Jahre nach dem Verlust seelisch verletzt sind.

Manchmal meldet sich am Telefon eine alte Stimme. Sie mag einer Frau gehören, die siebzig oder achtzig Jahre alt ist. Und sie beginnt zu erzählen, erst stockend, dann immer fließender. Noch nie hat sie vorher darüber gesprochen. Sie erzählt von ihrem toten Kind, das sie nie gesehen und nicht beerdigt hat. Die Folgen eines versäumten Abschieds können sehr schwer wiegend sein für das weitere Leben. Doch dass hier die Ursache für hartnäckige persönliche Probleme und seelische Störungen liegen könnte, wird von den Frauen häufig gar nicht oder erst sehr spät erkannt. Manchmal kommt die Einsicht während einer Psychotherapie.

Es ist schon eine Reihe von Jahren her, als der Chefarzt eines Krankenhauses Post von einer ehemaligen Patientin bekam. Der Brief wurde später in voller Länge in Hannah Lothrops Buch »Gute Hoffnung — jähes Ende« veröffentlicht. Es handelte sich nicht um einen Dankesbrief. Die Frau schrieb dem Geburtsmediziner, sie habe drei Jahre zuvor in seinem Haus ein totes Kind geboren. Und dies sei nun das Resultat:

Das Kind ist zwar in der Realität gestorben, nicht aber in meinem Kopf; denn ich hatte mit der ganzen Sache eigentlich gar nichts zu tun. Das haben alles die anderen, und in der Hauptsache Sie, gemacht. Ich habe nicht entbunden, ich bin entbunden worden, und ich weiß nicht, wie, und ich weiß nicht, wovon. Sie haben mir die Entbindung, die Schmerzen und die Trauer genommen.[2]

Danach hatte die Frau versucht, wieder schwanger zu werden. Vergeblich. Ihre Verzweiflung wuchs. Sie suchte eine psychologische Beratungsstelle auf. Hier endlich wurde ihr klar, was geschehen war: »Ich habe mein Kind drei Jahre lang nicht entbunden. Wie soll ich wieder schwanger werden, wenn ich noch nicht entbunden habe?«

Bei dem Adressaten hat dieser Brief ein grundlegendes Umdenken hervorgerufen; seine Einstellung hat sich um hundertachtzig Grad geändert. Er hatte seine Facharztausbildung in den Siebzigerjahren gemacht, als man in der Geburtsmedizin noch der festen Überzeugung war, es sei der Mutter am meisten gedient, wenn sie ihr totes Kind erst gar nicht zu Gesicht bekäme. Über das, was man heute »Trauerbegleitung« nennt, machte man sich erst recht keine Gedanken. Auch dieser Aspekt wurde von der Ex-Patientin treffend kommentiert:

Keiner wusste, wie er mit mir oder der Situation umgehen sollte, weder Sie noch der Rest des Krankenhauses. Die Tendenz war: Bloß nicht dran rühren, es vertuschen, schnell hinter sich bringen. Für Sie war es vielleicht in der Hauptsache ein medizinisches Problem, aber für mich ging es um Leben und Tod und hatte auch mit sehr viel Psychologie zu tun. Sie hätten mir anbieten müssen, mein Kind sehen zu können. Ich war leider nicht in der Lage, danach zu fragen, da ich viel zu sehr unter Medikamenteneinfluss stand.[3]

WIE EINE MUTTER »GESCHONT« WURDE

Der oberste Grundsatz in den Geburtskliniken lautete damals: Die Mutter muss geschont werden! Und die wichtigsten Helfer waren dabei Beruhigungsmittel und Stimmungsaufheller.

Heute kann man sich kaum noch vorstellen, wie großzügig diese Medikamente in den Sechziger- und Siebzigerjahren in allen Krankenhäusern verteilt und mit welcher Selbstverständlichkeit sie von den meisten Patienten als »ein Segen« betrachtet wurden. Beim Schwätzchen und Zigarettchen auf dem Flur, damals noch im Bademantel (der Jogging-Anzug war noch nicht erfunden worden), tauschten sich die Kranken darüber aus, wie wundersam diese Pille oder jene Kapsel auf sie gewirkt hätte, geradezu traumhaft wäre das Gefühl gewesen... Heute würde man diagnostizieren: Sie waren »high«. Aber damals fanden die Mediziner nichts dabei, wenn Gefühle der Patienten betäubt wurden.

Die fünfundsechzigjährige Marianne Hill* gehörte zu den Frauen, die, wie Ärzte sich früher ausdrückten, »geschont« werden sollten. In allerbester Absicht wurde sie um ihren Abschied und um die heilsamen Gefühle der Trauer betrogen. Die Wunde, die sie als junge Frau davontrug, hat sich bis heute nicht geschlossen. Im Beruf tritt sie auf als ideenreiche und durchsetzungsfähige Geschäftsfrau. Sie gilt als kompetent und hilfsbereit. Eine Person, die man überall kennt und schätzt. Aber niemand weiß, jedenfalls nicht im Detail, was sie als junge Frau durchgemacht hat.

Vier Jahre lang hatten sie und ihr Mann sehnlichst auf ein Kind gewartet. Das Baby starb bei der Geburt. Die damals siebenundzwanzigjährige Mutter hat es nie zu Gesicht bekommen. Das Schmerzlichste ist für sie das Erinnerungsloch — dort, wo andere Mütter ein Geburtserlebnis haben. Sie weiß nur noch, dass sie im Kreißsaal mit Chloroform betäubt wurde. Irgendwann erwachte sie in einem Krankenzimmer aus der Narkose: ohne Baby im Bauch, mutterseelenallein. Und so sollte es bleiben. Ein Arzt machte ihr die knappe Mitteilung, dass ihr Kind nicht mehr lebe. Es sei zu groß gewesen, hieß es lapidar, sodass man es im Leib habe zerstückeln müssen.

---

* Name geändert

Das Drama ereignete sich in den Sechzigerjahren. Niemand gab der jungen Mutter das Gefühl, dass sie etwas Traumatisches erlebt hatte. Sie sollte sich Ruhe gönnen und körperlich wieder zu Kräften kommen; das war alles. Man machte ihr klar, dass es gut für sie sei, wenn sie möglichst wenig Besuch bekomme. Marianne war eine folgsame junge Frau; sie protestierte nicht. Weder ihr Ehemann noch ihre Mutter, noch ihr Vater kamen auf die Idee, die ärztlichen Anweisungen infrage zu stellen. Ihre Besuche bei Marianne waren daher nur kurz und selten. Auch das Krankenhauspersonal machte möglichst einen Bogen um das Einzelzimmer. Die Begründung lautete: Man wolle die arme Frau so wenig wie möglich stören.

Mariannes Kind war (wie das von Eva) übertragen gewesen. Später dann, als ihr zweites Kind durch einen Kaiserschnitt zur Welt kam, wusste sie auch, warum das Unglück geschehen war: »In meinem Becken war nicht genug Platz. Ich bin 1,55 Meter groß und hatte einen Zwei-Meter-Mann.« Das Risiko war den Ärzten nicht aufgefallen.

DAS ABHÄRTUNGSPROGRAMM

Nur Mariannes Mutter sprach mit ihr über das, was geschehen war. Sie erzählte der Tochter von ihrer eigenen Totgeburt; auch bei ihr war es das lang ersehnte erste Kind gewesen. »Meine Mutter sagte mir, sie hätte damals unsäglich gelitten«, erzählt uns Marianne. »Allein beim Anblick eines Kinderwagens hatte sie das Gefühl gehabt, sie würde durchdrehen. Sie hat mir gesagt: Pass bloß auf, dass du nicht verbittert wirst.«

Als die Mutter dieses schmerzliche Geheimnis ausgesprochen und das Krankenzimmer wieder verlassen hatte, setzten der todunglücklichen jungen Frau tausend wirre und kaum auszuhaltende Gedanken zu. Sie verließ das Bett. Es ging nicht mehr anders; sie musste etwas gegen die Gefühle, die sie zu überschwemmen drohten, unternehmen. »Und da habe ich gedacht: Dann geh ich auf die Kinderstation und helfe der Kinderschwester, die Babys zu wickeln.«

Und so geschah es. »Abhärten« nannte sie ihr Programm. Noch etwas schwach auf den Beinen, ging sie zur Nachbarstation und versorgte die Neugeborenen. Es gelang ihr gut, denn »ich war innerlich vereist«.

Auf solche Ideen kann eigentlich nur jemand kommen, der eine soldatische Erziehung genossen hat. Marianne gehört der Generation der Kriegskinder an. Zur Abhärtung schickte sie der Vater barfuß über die Stoppelfelder. In einer Zeit, als der Schulweg häufig von Tieffliegern beschossen wurde, gab man ihr den Rat: »Wenn die wiederkommen, dann musst du dich eben in den Graben werfen.« Niemand kam auf die Idee, die kleine Marianne daheim zu behalten.

Zwanzig Jahre später, Friedenszeit: Niemand kam auf die Idee, dass ihre Psyche nach dem Tod ihres Kindes schwer verletzt war. Eine lange, erwartungsvolle Schwangerschaft — und danach nichts, nichts, nichts. Kein Trost, kein Foto, kein Grab.

NAME? GEWICHT? GEBURTSZEIT?

Es kam aber dann doch jemand unerwartet zu Besuch; und diese Situation, sagt Marianne Hill, werde sie ihr Leben lang nicht vergessen. Eine Verwaltungsangestellte (im folgenden Zitat mit V bezeichnet) des Krankenhauses erschien, um ordnungsgemäß die Daten des toten Kindes in ein Formular einzutragen. Sie fragte korrekt und emotionslos — als handelte es sich um einen Instrumentencheck vor dem Start einer Passagiermaschine. Offenbar war dies keine Ausnahme. Viele betroffene Mütter können sich daran erinnern. In ihrem Buch »Totgeburt weiblich«, dem ihre eigenen Erfahrungen zu Grunde liegen, hat Angela Körner-Armbruster den Dialog eines solchen Rituals festgehalten:

V: »Guten Tag. Sind Sie Frau Körner-Armbruster? Ich muss die Personalien Ihres Kindes aufnehmen.« (Keine Kondolenz ...) »Name?«
Ich: »Linda.«
V: »Geboren?«
Ich: »23.3.88.«
V: »Gewicht?«
Ich: »1700 Gramm.«
V: »Geburtszeit?«
Ich: »0.43 Uhr.«
V: »Wie lange hat das Kind gelebt?«
Ich: »Gar nicht. Linda kam tot zur Welt.«
Ordner zu.
V: »Dann kommt das nicht zu den Akten. Ich darf Ihnen noch sagen, dass Sie das Recht auf eine Bestattung haben. Unter 1000 Gramm wird der Körper einbehalten.« (Anmerkung: Müllsack!) »Wo ist das Kind jetzt?«
Ich: »In der Anatomie beim Sezieren.«
V: »Nun ja, das Weitere regelt dann ein Bestattungsinstitut. Haben Sie noch Fragen?«
Ich: »Nein, danke.«
V: »Gut, das war's dann. Auf Wiedersehen.«[4]

Zurück zu Marianne Hill. Sobald sie das Krankenhaus verlassen hatte, gab es für sie nur noch eines: Jubel, Trubel, Heiterkeit — drei Wörter, die für das reichlich verkrampfte Lebensgefühl der Sechzigerjahre standen. Das Wirtschaftswunder hatte Kriegs- und Nachkriegszeit abgelöst. Seit vielen Jahren war es immer nur aufwärts gegangen. Die Deutschen wollten vergessen und konsumieren. Beides taten sie gründlich. Mariannes Verhalten entsprach also voll dem Trend der Zeit. »Keine Party ohne Hilli«, hieß es in ihrem Bekanntenkreis. Außerdem ging sie wieder arbeiten. Sie machte die Kündigung rückgängig, die ihr so wichtig gewesen war, weil sie vorgehabt hatte, sich voll und ganz um ihr Kind zu kümmern. Jeden Abend traf sich die Büroangestellte mit Freunden bis spät in die Nacht.

»Es war die pure Verdrängung«, weiß sie heute. »Ich konnte einfach nicht allein sein.« Das sei eben damals ihre Strategie gewesen: alles zu überspielen. Es geschah bis zur Selbstverleugnung; das ist ihr heute klar. Die Folge davon war, dass niemand wusste, auch ihr Mann nicht, wie es in ihr aussah. Bei ihm, sagt sie, habe sie keinerlei Trauer wahrgenommen. Grundsätzlich wurde in der Beziehung wenig über Gefühle geredet — wie es eben dem Zeitgeist entsprach.

Monate nach dem Tod ihres Kindes besuchte sie noch einmal die Entbindungsstation und wollte von der Hebamme Einzelheiten wissen. Viel erfuhr sie nicht, außer, dass es ein Mädchen gewesen sei, das, genau wie ihre Mutter, eine bräunliche Haut gehabt habe.

Natürlich wollte das Ehepaar Hill so schnell wie möglich wieder ein Kind. Als Marianne zwölf Monate später immer noch nicht schwanger war, entschloss sie sich erneut zu einem Programm, das sie diszipliniert einhielt. Wenn die Eheleute miteinander schliefen, dann nicht mehr aus Liebe und Lust, sondern nach Kalender, der Zeugung wegen. Das Verfahren war erfolgreich: Zwei Jahre nach dem Tod des ersten Kindes hielt Marianne endlich ein süßes, kleines Mädchen in den Armen. Ein zweites Mal hatte sie vor der Entbindung ihre Arbeit gekündigt, und diesmal blieb sie tatsächlich zu Hause.

Die Ehe zerbrach nur wenige Jahre später. Marianne Hill ging wieder ins Büro und zog ihre Tochter groß. Später wagte sie den Schritt in die Selbstständigkeit und wurde eine erfolgreiche Geschäftsfrau. Aber einen Lebenspartner fand sie nicht mehr. Ihren Freundinnen fiel immer wieder auf, in welchem Ausmaß sie ihre gelegentlichen Liebhaber bemutterte, die meistens sehr viel jünger als sie waren.

Auch sprach sie häufig davon, ein Kind zu adoptieren. Und heute, im Großmutteralter, gibt sie ihren Wunsch weiter an die Tochter. Ihr hat Marianne Hill kürzlich nahe zu legen versucht: »Es wäre so schön, wenn du ein Kind annehmen würdest.« — »Aber Mama, ich hab doch keinen Mann!« — »Macht nichts, ich helfe dir dabei.«

Kapitel 3

DIE GEBURT EINES TOTEN KINDES IST AUCH EINE GEBURT

DIE BEKEHRUNG EINES ARZTES

Der Geburtsmediziner Gerd Eldering gilt bei seinen Kollegen als Radikaler, was mal positiv, mal negativ gemeint ist. Manche nennen ihn auch einen »Konvertierten«, und dann besteht kein Zweifel, dass seine Haltung abgelehnt wird. Konvertierte, das weiß man, sind unangenehme Zeitgenossen: eifernd, rechthaberisch und intolerant. Wer in der Gesellschaft etwas verändern möchte, muss immer mit Vorwürfen dieser Art rechnen, vor allem dann, wenn er heute das Gegenteil von dem macht, was er einmal vor zwanzig Jahren gut und richtig gefunden hat. Dann fühlen sich fast alle ehemaligen Weggefährten auf den Fuß getreten.

Für den Chefarzt am Vinzenz-Pallotti-Hospital in Bergisch Gladbach-Bensberg am östlichen Rand des Rheinlandes ist es kein Problem, zuzugeben, dass er vom Saulus zum Paulus wurde. Er, der als junger Arzt dafür sorgte, dass die Geburt eines toten Kindes zur Entlastung der Mütter hinter einer durch Pillen produzierten Nebelwand verschwand, sagt heute: »Sie müssen diese Geburt bewusst erleben. Frauen, die schwanger geworden sind, müssen entbinden.« Genauso wenig verschweigt er, dass es Frauen waren, die seine berufliche Sichtweise veränderten: Hebammen und Therapeutinnen, vor allem aber Patientinnen. Er sagt: »Letztlich habe ich von den Frauen gelernt, die ein Kind verloren hatten. Und ich bin froh, dass ich diese Sensibilität entwickeln durfte. Denn es ging ja darum, zu erkennen, dass der Tod nicht etwas Medizinisches darstellt, sondern dass der Tod etwas darstellt in der Beziehung zu Menschen.«

Einfühlungsvermögen fängt bei ihm mit der Sprache an. Es fällt auf, dass er in unserem Gespräch nicht unterscheidet zwischen einer Fehlgeburt, Totgeburt und den Kindern, die während der Geburt gestorben sind. Für ihn sind es »tote Kinder«. Denn »... ob in der sechsten Woche, in der zwölften Woche, in der zwanzigsten Woche: Die Eltern verlieren ihr Kind. Das Geschwister verliert seine Schwester, seinen Bruder ...«

Folgerichtig wehrt er sich gegen so manchen medizinischen Begriff, zum Beispiel das Wort für Schwangerschaftsabbruch: »Wenn man sich mal überlegt — das heißt ›Abort‹! Ja, so nennt man es. Abort ist für mich ein Klo im Zug.« In seiner Ausbildung, fügt er hinzu, habe er gelernt, die Geburt als organischen Vorgang zu sehen — und nicht als psychisches Erleben der Eltern. »Das heißt, wir mussten, medizinisch gesehen, dafür sorgen, dass der tote Fötus so schnell wie nur eben möglich aus der Mutter herauskam.«

Heute hält er das Gebot der Eile für überholt. Nur in Ausnahmefällen droht Gefahr für die Mutter. Dann ist umgehend ein medizinischer Eingriff nötig. In der Regel aber kann Eldering die Eltern überzeugen, dass sie unbesorgt noch ein paar Tage warten können. Er legt seinen Patientinnen nahe, wieder nach Hause zu fahren, um sich in aller Ruhe auf die neue Situation einzustellen. Die Nachricht vom Tod selbst, vom Todesurteil über ihr Kind, trifft Eltern fast immer unvorbereitet. Manchmal hat es auch Vorwarnungen gegeben: das Blut oder den dunklen Fleck auf dem Ultraschallbild. Doch gilt in den

Frauenarztpraxen die Regel, Mütter eher zu beschwichtigen als zu beunruhigen — Letzteres tun sie selbst schon zur Genüge. Also sagt man ihnen: Das müssen wir kontrollieren. Eine zusätzliche Untersuchung, mehr nicht. Kein Grund zur Panik. Und in den allermeisten Fällen geht es ja auch gut.

SIE MÜSSEN IHR KIND KENNEN LERNEN

Und wenn es nicht gut geht? Wenn das Kind im Bauch schon tot ist? Chefarzt Eldering erklärt hierzu: »Dann sagen wir den Eltern nicht nur, was geschehen ist. Wir sagen ihnen auch: ›Wir finden es wichtig, dass Sie Ihr Kind, das nicht mehr lebt, kennen lernen. Es wird die einzige Erinnerung sein, die Sie von ihm haben werden. Wir wissen, dass es gut für Sie ist, wenn Sie Ihr Kind in den Arm nehmen und es selbst anziehen.‹«

Die meisten Eltern empfinden das zunächst als Zumutung und erklären den Arzt oder die Hebamme für verrückt. Aber gerade darum ist es so wichtig, dass die Geburt nicht überstürzt eingeleitet wird, sondern Mutter und Vater Zeit haben, um zu begreifen, was mit ihnen geschehen ist und was in Kürze auf sie zukommen wird: die Begrüßung ihres Kindes, die gleichzeitig ein Teil des Abschieds sein wird. Natürlich werden Eltern im Vinzenz-Pallotti-Hospital zum Kontakt mit ihrem toten Kind nicht gezwungen. Aber eine sanfte Überredung ist es schon. Nichts wird übers Knie gebrochen, nichts muss von heute auf morgen entschieden werden. Doch man sagt den Eltern ohne Schnörkel: Der Abschied ist eine unwiederbringliche Situation. Wer sie ungenutzt verstreichen lässt, wird es vermutlich noch sehr bereuen.

»Es bleibt leider in solchen Situationen nichts anderes übrig«, sagt Eldering, »als auf das blinde Vertrauen der Frauen zu pochen und zu sagen: ›Glauben Sie es mir, es ist so. Ich hab mich lange damit beschäftigt. Ich *weiß* es, dass es für Sie gut ist.‹«

Bislang taten fast alle Eltern, was Eldering ihnen nahe legte, entweder ihm vertrauend oder seiner ärztlichen Autorität gehorchend. Der Anblick des toten Kindes war für sie verkraftbar, und die meisten versicherten im Nachhinein (wie die Eltern von Jony), dieser Abschied gehöre zu den größten Kostbarkeiten ihres Lebens. Das hören auch Hebammen und Bestatter, nachdem sie Eltern einen intensiven Abschied von ihrem Kind nahe gelegt haben. Die Trauernden machen dabei nicht nur verkraftbare, sondern in den allermeisten Fällen auch gute Erfahrungen.

WENN ES KEINEN ABSCHIED GIBT

Die Trauer hat ihre eigenen innerpsychischen Gesetze. Ganz oben steht: Der Tod braucht einen Abschied. Nichts ist schlimmer für Menschen als das Fehlen eines Abschieds. Wenn ein Mensch stirbt, der geboren wurde und gelebt hat, würde das niemand bestreiten. Aber bei einem Ungeborenen? Da gehen die Meinungen der Ärzte immer noch auseinander.

Muss nicht sein, meint Christoph Lindner, Leitender Oberarzt der Hamburger Frauenklinik des Universitätskrankenhauses Eppendorf. Den Müttern das tote Kind noch zu zeigen, fände er schwierig, war in »Die Zeit« vom 30.7.1998 in einem »Infektiöser Müll« betitelten Artikel zu lesen. Zitat: »Die tot geborenen Föten sehen oft nicht schön aus.« Dagegen behauptet Viola Roggenkamp, die Autorin des Artikels, Hebammen seien mehrheitlich nicht dieser Ansicht und vermuteten, dass Ärzte die Totgeburt »so schnell wie möglich in die Pathologie abdrängten«.

Eldering steht in dieser Frage eindeutig auf der Seite der Hebammen. »Eltern sehen ihre Kinder mit völlig anderen Augen als wir, mit ihren subjektiven Augen. Sie sehen möglicherweise auch Ähnlichkeiten, wo wir sagen: Das kann aber eigentlich nicht sein. Es gibt Eltern, die sehen bereits im Embryo ihr Kind. Wir holen deshalb möglichst auch die Partner mit dazu, auch im Operationsraum. Sie sollen sich das ruhig ansehen.«

Aber gibt es nicht doch eine Grenze? Wie hätte Marianne Hill von ihrem Kind Abschied nehmen können, da es in ihrem Fall doch zerstückelt worden war? Auch dafür kennt der Arzt eine Lösung: Man muss es so einhüllen und betten, dass für die Eltern wenigstens noch das Gesichtchen zu sehen ist. Grundsätzlich hält er es für unverantwortlich, wenn versäumt wurde, das Kind zu fotografieren. In seinem Krankenhaus bekommt jede Mutter zur Entlassung eine Geburtskarte geschenkt, mit einem Foto des Kindes, mit Namen, Vornamen und Datum. Auch die Frauen, die kein Baby mit nach Hause nehmen können, erhalten dieses Kärtchen. Sie verlassen diese Klinik als Mütter. Auch die Geburt eines toten Kindes bedeutet eben eine Geburt.

DIE BEZIEHUNG ZUM UNGEBORENEN KIND

Zu einem Zeitpunkt, als Eldering seine Ausbildung als Geburtsmediziner erhielt, veröffentlichte die Journalistin Orania Fallaci ein Buch, das nicht nur in Italien ein sensationeller Erfolg wurde. Es hieß »Brief an ein nie geborenes Kind«.

Fallaci verfasste es in dem Stil, in dem sie alle ihre Bücher geschrieben hat: leidenschaftlich, direkt und grenzenlos subjektiv. Dass sich eine alleinstehende und zudem noch prominente Frau 1975 freimütig zu ihrer Schwangerschaft bekannte und darüber detailliert Auskunft gab, war für die damalige Zeit bemerkenswert genug. Als Novum galt, dass sich der Hundertdreißig-Seiten-Monolog an das Ungeborene selbst richtete. Er ist spannend, erschütternd, teilweise auch kurios; und er widerlegt auf italienisch-temperamentvolle Weise die Ansicht, dass Frauen ja eigentlich erst *nach der Geburt* eine Beziehung zu ihrem Kind entwickeln. Der Brief beginnt nur wenige Tage nach der Zeugung, als es noch keine medizinische Bestätigung für die Schwangerschaft geben konnte.

Heute nacht erfuhr ich, daß du da bist: ein Tropfen Leben, dem Nichts entkommen. Ich hatte die Augen weit in das Dunkel hinein aufgerissen, und plötzlich flammte in diesem Dunkel ein Strahl von Gewißheit auf: ja, du bist da. Es gibt dich. Es war, als würde einem eine Kugel in die Brust geschossen. Mein Herz stockte. Und als es wieder zu schlagen begann mit dumpfen betäubenden Schlägen des Staunens, war mir, als stürzte ich in einen Schacht, wo alles Unsicherheit und Schrecken ist. Hier bin ich nun, eingesperrt in eine Angst, bei der mir Gesicht, Haar und Gedanken naß werden. Und ich verliere mich in ihr.[5]

Das Kind ist ein Eindringling im Leben einer emanzipierten Frau und wird doch zärtlich erwartet. Die Stärke dieses Buches ist, dass es die Schwangerschaft nicht als ein von seligen Gefühlen begleitetes Wachsen darstellt, sondern als einen Prozess der Ungereimtheiten. Am Anfang passt nichts mehr dorthin, wo es einmal hingehört hat. Widersprüche prallen aufeinander. Eine Frau hat Neuland betreten. Eine Lebensbilanz ist fällig, die Beunruhigendes zu Tage fördert. Wenn man seine Vergangenheit schon nicht im Griff hatte, warum sollte dies in der Zukunft geschehen, und dann auch noch mit einem Kind?

Orania Fallacis Ruf ging damals weit über Italien hinaus. Die einen hielten sie für eine starke Frau, die anderen für ein verrücktes Huhn. Eine Frau in einem Männerberuf, die das Extreme suchte. Im Vietnamkrieg hatte sie von der Front berichtet, war sogar bei Bombeneinsätzen mitgeflogen. Es fiel ihr schwer nachzuvollziehen, warum Frauen sich von Männern bevormunden ließen. Ein Satz in der Art von »Mein Bauch gehört mir!« wäre ihr nie in den Sinn gekommen. Ja, wem denn sonst...? Und so hielt sich ihre Solidarität mit der damaligen Frauenbewegung in Grenzen. Eine erfolgreiche Junggesellin mit einem chaotischen Liebesleben: Das ist ihre Situation, als sie unerwartet schwanger wird.

Plötzlich hat sie Angst — ein Gefühl, das ihr unter wirklich lebensbedrohlichen Umständen fremd ist. Was, fragt sie sich, wird übrig bleiben von ihrer Ungebundenheit, die gleichzeitig bedeutet, jederzeit verfügbar zu sein für berufliche Einsätze? Was wird übrig bleiben von ihrer Sicht auf die Welt, ihren Werten und Wünschen? Was wird übrig bleiben von der Beziehung zu dem Vater, dem sie eigentlich nicht vertraut und den sie nicht in ihrer Nähe haben möchte?

Es sind genau die Fragen, die auch heute noch für viele Frauen aktuell sind, wenn sie unerwartet schwanger werden: Worauf muss ich verzichten? Wie werde ich mich verändern? Kann ich meinem Partner vertrauen? Es ist ein Hin-und-hergerissen-Sein, eine Zeit der Zweifel und der neuen Einsichten — die seelische und geistige Vorbereitung auf die neue Rolle. Anstrengende Gefühle stehen also am Beginn der Schwangerschaft. Vielleicht kommt ja daher das große Bedürfnis nach Schlaf, auch wenn Ärzte einheitlich der Meinung sind, die Hormone seien schuld. (Aber warum und auf welche Weise Hormone wirken, darüber weiß die Medizin, wie sie selbst zugibt, recht wenig.)

Alle Menschen, die der Journalistin nahe standen, rieten zur Abtreibung. Aber Fallaci hatte sich bereits mit dem Kind verbündet.

Aber ich habe mich für dich entschieden: du wirst geboren werden. Ich habe mich aufgrund deiner Fotografie entschieden. Nicht genau deiner Fotografie, natürlich nicht: es ist die Fotografie irgendeines drei Wochen alten Embryos, veröffentlicht in einer Zeitschrift zusammen mit einer Reportage über das werdende Leben. Und während ich sie ansah, verging mir die Angst: rasch wie sie gekommen war. Du siehst aus wie eine geheimnisvolle Blume, eine durchscheinende Orchidee.[6]

Mit ihren Bekenntnissen in Buchform stieß sie alle vor den Kopf: die Konservativen wie die Fortschrittlichen, die Kirche wie die Frauenbewegung. Die Katholiken empörte es, dass eine Frau sich offen und ohne jedes Schuldgefühl zu ihrer selbstbestimmten Sexualität und

Mutterschaft bekannte. Die Feministinnen, die in den Siebzigerjahren für eine Liberalisierung des Schwangerschaftsabbruches kämpften, waren schockiert, weil sich Fallaci auf dieselben Bilder berief wie die militanten Abtreibungsgegner. Was die Mikrofotografie erstmals sichtbar gemacht hatte, wurde sofort auf das ideologische Schlachtfeld gezerrt und stärkte die Truppen des Papstes, der Abtreibung Mord nannte. Fallaci kümmerte weder die eine noch die andere Seite. Sie heftete die Fotos an die Wand und verfolgte staunend das Wachstum ihres Kindes.

Drei Wochen alt. Du bist kaum zu sehen, erläutert die Bildunterschrift. Zweieinhalb Millimeter groß. Und doch wächst in dir eine Spur von Augen heran, etwas, das einem Rückgrat gleicht, einem Nervensystem, einem Magen, einer Leber, einem Darm und Lungen. Dein Herz ist schon ausgebildet und groß: neunmal so groß wie meines in der Proportion. Seit dem sechzehnten Tag pumpt es Blut und klopft regelmäßig.[7]

Was an Fallacis Buch beeindruckt, ist die Intensität, mit der sie sich an ihr Kind wendet. Sie teilt ihm ihre Zweifel mit, ihre Angst, die schönen und die schlechten Botschaften ihrer Träume. Sie erläutert ihre Lebensphilosophie, die eher pessimistisch als optimistisch klingt. Im vierten Monat ändert sich das. Nun entdeckt die stets skeptische und rationalisierende Intellektuelle, wie es in ihr sprudelt — wie unbekannte, verschüttete Seiten wieder lebendig werden:

Von nun an sollst du mich wie Peter Pan sehen, immer gelb, grün, rot gekleidet und stets damit beschäftigt, Blumengewinde auf Dächer und Kirchtürme zu hängen und auf

Wolken, die sich nicht in Regen verwandeln. Wir werden zusammen glücklich sein, weil ich im Grunde auch ein Kind bin. Weißt du, dass ich gern spiele? Als ich heute nacht ins Hotel zurückkam, habe ich alle Schuhe vor den Zimmern vertauscht und die Frühstücksbestellungen auch. Am Morgen gab es dann ein Riesendurcheinander.[8]

Im fünften Monat, als bereits die komplette Babyausstattung gekauft ist, endet die Schwangerschaft, und es beginnt das Drama des Verlusts eines Kindes.

Wäre sie nur vorsichtiger gewesen! Hätte sie nur die letzte Dienstreise abgesagt! Eine Frau trägt ein totes Baby im Leib, und das Erste, was ihr einfällt, sind Selbstvorwürfe. Das Erste, was sie vom Vater des Kindes zu hören bekommt, sind Beschuldigungen. Körperlich geht es ihr sehr schlecht. Der Arzt rät dringend zum Abbruch, aber sie weigert sich, will sich nicht trennen — und stirbt fast daran.

Während des Eingriffs wird deutlich, dass sie beinahe an einer Vergiftung zu Grunde gegangen wäre: Seit vielen Wochen schon ist das Kind tot. Die Entwicklung vom Embryo zum Fötus hat nicht stattgefunden. Den Ärzten ist die Sache peinlich. Sie können sich nicht erklären, wieso ihnen das bei den Untersuchungen nicht aufgefallen ist.

Fallaci besteht darauf, ihr totes Kind zu sehen, was in den Siebzigerjahren sehr ungewöhnlich ist. Im Krankenhaus traut man sich nicht, ihr diesen Wunsch zu verweigern. Nun erkennt die Mutter, dass sie von den Zeitschriftenfotos der Ungeborenen in die Irre geführt worden ist: »In Wahrheit habe ich mich in einen kleinen Fisch verliebt.«[9] Ihre Trauer ist grenzenlos.

Die glücklose Schwangerschaft fiel in eine Zeit, als die Ultraschalluntersuchung noch nicht Standard in der Vorsorge war. Heute kennt jeder diese schwarzweißen, sonderbar schraffierten Bilder, die schon sehr früh Umrisse des Fötus erkennen lassen.

Ultraschall gilt als *die* Errungenschaft in der diagnostischen Früherkennung. Diese Bilder sind für viele junge Paare das, was früher die ersten spürbaren Kindsbewegungen waren: der Beginn einer Familie. Spätestens jetzt wird die Nachricht nicht mehr geheim gehalten. Das Foto macht in der Verwandtschaft und am Arbeitsplatz die Runde. Gegen einen Aufpreis gibt es sogar ein Video: Das Kind schläft, schwimmt oder turnt. Es rekelt sich oder lutscht an seinem winzigen Daumen.

Kein Wunder, dass die meisten Eltern das Gerät während der Schwangerschaft richtig lieb gewinnen, vorausgesetzt, es hat ihnen nur Gutes und nie etwas Schlimmes mitgeteilt.

Genauso vertrauensvoll war auch Nora Schäfers* Haltung zum Ultraschall gewesen. Sie hatte bereits eine zweijährige Tochter, als sich das zweite Kind ankündigte. Anfang des sechsten Monats stellte die Frauenärztin beim Betrachten des Bildschirms eine Unregelmäßigkeit fest. Das Ungeborene hatte einen Harnröhrenverschluss. In der Blase staute sich die Flüssigkeit. Nora ließ sich von der Ärztin beruhigen: Es sei nichts Schlimmes, eine Beeinträchtigung, die sich nach der Geburt beheben ließe. Allerdings sei es für die Entbindung wichtig, so viel wie möglich darüber zu wissen. Die Mutter wurde an einen Spezialisten überwiesen.

---

* Name geändert

Ein paar Tage später ließ sich Nora in der Universitätsklinik untersuchen. Der Mediziner galt als Koryphäe auf dem Gebiet der Ultraschalldiagnostik. Der Arzt habe — so erzählen später die Eltern — mit völlig emotionsloser Stimme das Untersuchungsergebnis bekannt gegeben. Punkt eins: Es ist ein Junge. Punkt zwei: Das Kind hat keine Überlebenschancen. Die Nieren sind zerstört. Seine Lungen können sich nicht entwickeln.

Es war das Todesurteil. Ohne jede Vorwarnung. Ohne ein Wort, eine Geste, ein Blick der Anteilnahme. Noras Ehemann David* begriff nicht, wie so etwas möglich war. Und dann noch die hoch komplizierte Ausdrucksweise, mit der der Facharzt seine Diagnose im Detail erläuterte. »Als außen stehender Laie hätte man schon Schwierigkeiten gehabt, dem zu folgen«, erzählt David. »Aber wir waren ja unmittelbar betroffen.«

Muss das sein?, fragen sich die Eltern. Natürlich lässt sich Einfühlungsvermögen nicht verordnen. Natürlich gibt es Menschen, die auf diesem Gebiet hoffnungslos unbegabt sind. Aber warum kann die Klinikleitung nicht ein Machtwort sprechen und einen solchen Mann verpflichten, bei Elterngesprächen einen sensiblen Kollegen oder eine Kollegin hinzuzuziehen?

Inzwischen werden an einigen Universitäten Seminare in Medizin-Didaktik angeboten. Das Problem ist also durchaus erkannt. Leider ist die Teilnahme freiwillig, also nicht im Ausbildungsplan festgeschrieben. Man kann davon ausgehen, dass kontaktgestörte Mediziner vorerst nicht aussterben werden. Auch wird kein angehender Arzt gezwungen, bei Veranstaltungen zum Thema »Verlust eines Kindes« zu erscheinen. Das Glei-

---

* Name geändert

che gilt für künftige Hebammen oder Seelsorger oder Krankenschwestern.

CASPAR LEBTE NUR EINEN TAG

Während die Schäfers zwei Wochen von Klinik zu Klinik zogen, um sich Klarheit zu verschaffen, begegneten sie noch so manchem Arzt, dem eine Fortbildung in Medizin-Didaktik gut getan hätte, aber Nora und David lernten auch andere kennen, denen sie auf Anhieb vertrauten.

Bei unserem Gespräch wird deutlich, dass die Mutter Ärzte, zu denen sie kein Vertrauen hatte, nicht als kompetent ansah. Von ihnen konnte sie die Wahrheit nicht akzeptieren. Wie schon bei unserem Besuch bei Eva und Martin sitzen wir auch bei Nora und David wieder in der Küche. Und wieder werden uns Fotos von einem niedlichen Neugeborenen gezeigt: Caspar. Er hat einen Tag gelebt.

Die Eltern sind beide einunddreißig Jahre alt und sehen sehr viel jünger aus. Wie ist das möglich, da sie doch so viel durchgemacht haben? Das liege wohl in beiden Familien, antworten sie. Im Übrigen hätten sie ja nicht nur Schreckliches, sondern auch viel Schönes erlebt. Wieder diese Aussage.

David verdient sein Geld als Medienberater. Nora war früher Reisekauffrau und hat ihren Beruf der Kinder wegen aufgegeben. Tochter Helena sollte unbedingt ein Geschwisterchen bekommen. Ein Abstand von drei Jahren erschien den Eltern günstig. Als Nora dann ein Jahr früher als beabsichtigt wieder schwanger wurde, nannte sie es »spontan geplant« und freute sich sehr. Ihr Mann war nicht so begeistert. Er befand sich in einer anstrengenden beruflichen Aufbauphase und hätte gern ein paar Familienpflichten weniger gehabt. Stattdessen nahmen die Belastungen zu. Der ungeborene Caspar war todkrank, so viel stand für David fest, aber seine Frau leugnete es. Sie griff nach jedem Strohhalm und sammelte Indizien dafür, dass Caspar leben würde.

Wenn Ärzte sich in diesem oder jenem Detail irrten, wenn sie widersprüchliche Aussagen machten, dann war es für Nora ein erneuter Beweis: Mediziner sind auch nicht allwissend. Die können sich irren. Rückblickend erkennt die Mutter: »Ich glaubte, dass es am besten ist, wenn ich positiv darauf reagiere. Dass es auch für das Kind das Beste ist.« Caspar bewegte sich immer lebhafter in ihrem Bauch. Die Ärztin hatte ihr bestätigt, dass er gewachsen war. Ihre Schwangerschaft war nicht mehr zu übersehen. Nora kannte viele andere junge Mütter. Sie trafen sich im Park am Sandkasten. Nora erzählte immer wieder von der hoffnungslosen Diagnose und von den vielen Untersuchungen. Und jedes Mal fügte sie hinzu: »Aber ich glaube, es geht gut aus.«

Alle glaubten ihr.

Kurz darauf packten Schäfers die Koffer und machten Urlaub in Frankreich. David sah, wie seine Frau und seine Tochter die Ferien genossen. Also überspielte er den anderen zuliebe seinen inneren Zustand. Er war resigniert und traurig, denn für ihn bestand überhaupt kein Zweifel, dass Caspar sterben würde. Was der Ultraschallspezialist gesagt hatte, war für ihn plausibel gewesen. Irgendwann in der Nacht nach der hoffnungslosen Diagnose war der junge Vater aus dem Schlafzimmer gegangen, um sich in einem anderen Raum, ungestört und ohne seinerseits Frau oder Tochter zu stören, auszuweinen. »Das war der Beginn meiner Trauer«, sagt er rückblickend. »Es war für mich klar, dass man nichts machen kann. Und von diesem Moment an hatten wir zwei verschiedene Strategien.« Auch Nora sieht heute, dass sie den Tod verdrängt hat. Aber sie weiß auch, dass ihr Unterbewusstsein weiter damit beschäftigt gewesen ist. Zum Beispiel hat sie die ganze Schwangerschaft über blaue Clogs getragen, und einmal sei ihr der Gedanke gekommen: Wenn Caspar nicht überlebt, dann kommen die Schuhe mit in den Sarg.

EIN TODGEWEIHTES KIND IM BAUCH

Sommerferien in Frankreich. Nora zeigte sich so unbeschwert wie selten. Sie aß mit gutem Appetit, spielte mit der kleinen Helena und nahm gute Wünsche für das neue Baby entgegen. David schwieg.

Während unseres Gesprächs erinnert er sich: »Damals dachte ich: Was für ein Horror für meine Frau. Sie hat ein todgeweihtes Kind im Bauch, das wächst. Sie klammert sich an eine Illusion. Da hab ich beschlossen: Halt die Schnauze. Was anderes kannst du jetzt nicht tun.« Für den Vater hatte die Situation im Urlaub, als Nora so zuversichtlich in die Zukunft schaute, »etwas Morbides«. Es kam ihm vor, als säßen sie in einem Zug, von dem nur er wusste: Es wird ein Unglück geben, aber man kann nicht aussteigen ...

Nora schaut ihren Mann dankbar an. »Andere Frauen reagieren da anders. Aber mir hat meine Illusion und dein Schweigen geholfen«, sagt sie. Sonst hätte sie die Zeit vielleicht gar nicht überstehen können. David legt seine Hand auf ihre Schulter. »Was hättest du auch anderes tun sollen?«, meint er ruhig. »Wenn dein Kind dir morgens um sechs gegen die Bauchdecke tritt, wie sollst du dir da gleichzeitig vorstellen, dass es stirbt?«

In der fünfundzwanzigsten Schwangerschaftswoche hatten die Schäfers erfahren, dass ihr zweites Kind nicht überleben wird. Knapp drei Monate später wird die Geburt eingeleitet. Es bleibt der Mutter nach der Entbindung nur ein kurzer Augenblick, um ihren Sohn zu begrüßen. Als man Caspar auf ihren Bauch legt, läuft er blau an. Umgehend wird er in die Kinderklinik gebracht. Wieder wird die erste Diagnose bestätigt: Wegen des Urinstaus in der Blase und des Nierendefekts konnte sich die Lunge nicht richtig entwickeln. Das Neugeborene muss künstlich beatmet werden. Sein Vater ist so viel wie möglich bei ihm. »Es war Horror«, schildert David die Situation. »Unser Kind lag da mit tausend Schläuchen an Geräten angeschlossen.«

Einen Tag später starb Caspar.

Zum Zeitpunkt unseres Gesprächs ist der kleine Sohn sechs Monate tot. Seine Mutter sieht noch immer sehr schmal und geschwächt aus. Es ist ihr ungeheuer wichtig zu reden. Jedes Detail hat einen besonderen Stellenwert. Sie hat auch den Müttern am Sandkasten in allen Einzelheiten davon erzählt, soweit sie bereit waren, zuzuhören und Noras Tränen auszuhalten. Es ist ihr Weg, das Geschehen zu begreifen und zu verarbeiten.

Auf diese Weise hat sie aber auch anderen Menschen ermöglicht, an ihrer Trauer teilzunehmen. Sie fühlte sich nicht allein gelassen, sondern von allen Seiten gestützt. Vielleicht ist das der Grund, warum es ihr im Vergleich zu anderen Frauen relativ leicht fiel, zu akzeptieren, dass ihr Mann längst nicht so intensiv trauerte wie sie selbst.

»Das ist so gewesen«, bestätigt David. Er als Mann habe noch keine so starke Bindung an Caspar gehabt. Es sei ein schreckliches Ende gewesen, aber er empfinde keine Trauer mehr.

STERBEBEGLEITUNG FÜR DAS EIGENE KIND

Zeitsprung. Sieben Monate später. Noch einmal sprechen wir mit Nora und David Schäfer. Nun erst wird uns bewusst, wie ungeheuer erschöpft die Mutter zum Zeitpunkt unseres ersten Besuchs gewesen war. Beim zweiten Treffen trägt sie eine neue Frisur.

Eine lebhafte und auffallend hübsche Frau begrüßt uns. Ihre dunklen Augen strahlen. Nora ist wieder schwanger, sie weiß es seit sechs Wochen. »Vorhin ist mir klar geworden: Was habe ich bei Ihrem ersten Besuch alles geredet«, sagt sie lächelnd. »Ich konnte ja gar nicht mehr aufhören ...« Damals war es ein Gespräch von drei Stunden gewesen. Doch eines hatte die Mutter noch nicht erzählen können: das Ende der Geschichte. Der Tod von Caspar. Aber nun ist sie dazu bereit.

Das Neugeborene lag in der Kinderklinik, und Nora war noch geschwächt von der Geburt. Am nächsten Tag, endlich, konnte sie Caspar sehen. »Auf der Fahrt zum Kinderkrankenhaus hatte ich immer noch Hoffnung«, erzählt sie. »Da wurde ich langsam irrational. Ich sah eine Sternschnuppe und nahm sie als Zeichen, dass alles gut werden würde. Aber als ich Caspar dann sah, wusste ich sofort, was los war. Sein Aussehen hatte sich total verändert. Er war papierweiß. Der Kinderarzt sagte, Caspar würde trotz der künstlichen Beatmung in den nächsten Tagen sterben.«

Und dann kam der Satz, von dem man hofft, man selbst müsse ihn nie in seinem Leben hören: »Wir würden Ihnen raten, die Geräte abzustellen.«

Was für eine Aufgabe! Eltern werden gebeten, den Tod ihres Kindes selbst herbeizuführen. Wie können sie das? Sind sie damit nicht hoffnungslos überfordert?

Noras Nein kommt für uns überraschend. »Wir wussten in diesem Moment, dass es das Richtige war. Ich vertraute dem Kinderarzt. Er hatte Recht. Caspar sah gequält aus.« Das Kind von seiner künstlichen Verbindung zum Leben zu befreien erschien als ein Akt der Barmherzigkeit.

Und so begleiteten die Eltern ihr Baby beim Sterben. Bevor es für immer entschlief, ließen sie es von einer Pfarrerin taufen. Schließlich wurden im Beisein der Eltern die Kabel und Schläuche entfernt. Nora legte das Baby auf ihren Bauch. Lakonisch beschreibt sie das Ende: »Dort ist es warm und weich gestorben, ganz schnell.«

ES ZIEHT MIR NICHT MEHR DIE FÜSSE WEG

Später sind die Eltern ein paar Stunden draußen in der Natur gewesen. Sie wollten einfach nur Ruhe. Daran haben sie eine schöne Erinnerung. Nora und David sehen froh aus, als sie alles erzählt haben. Die Mutter sagt: »Ich merke jetzt, wie anders meine Gefühle heute sind. Als ich eben von Caspars Tod erzählt habe, war ich zwar traurig, aber es zieht mir nicht mehr die Füße weg.«

Sie fanden einen Bestatter, der sich auf Kinderbegräbnisse spezialisiert hatte und dem es wichtig war, die Eltern in ihrer Trauer zu begleiten. Er nahm sich Zeit für sie, denn es sind in der Regel junge Menschen wie Nora und David, für die der Tod ein gänzlich Unbekannter ist. Es überraschte David, hier etwas zu hören, was ihn selbst schon seit Monaten beschäftigte.

»Durch den Tod in der Familie sind wir mit unserer eigenen Endlichkeit konfrontiert, und das kann einen Wendepunkt bedeuten«, sagte der Bestatter. »Denn das gibt uns die Chance, herauszufinden, was für uns das Wichtigste ist, und danach zu leben.«

Genau das war's. Seit David akzeptiert hatte, dass sein Sohn sterben würde, war in ihm der Wunsch gewachsen, in seinem Beruf endlich etwas Neues zu riskieren. Schon eine ganze Weile war er mit seiner Tätigkeit sehr unzufrieden gewesen. Wenn er noch länger damit wartete, könnte es irgendwann zu spät sein …

Auf dem Heimweg beschloss David, zu kündigen und freiberuflich zu arbeiten. Damit, glaubt er rückblickend, sei für ihn die schlimmste Trauer vorbei gewesen. »Ich habe ja auch früher damit angefangen, schon Monate vorher«, erinnert er uns. »Als Caspar dann tot war, habe ich ihn gewaschen und angezogen. Sie ließen uns dafür viel Zeit im Krankenhaus. Und das«, fügt er hinzu, »ist mein Abschied von Caspar gewesen.«

Als Nora mit Mutter, Schwester und ihrer kleinen Tochter noch einmal in das Bestattungshaus fuhr, um Caspar ein letztes Mal zu sehen, war David nicht mehr dabei. Nora hatte auch nicht versucht, ihn zu überreden.

ANGST VOR »LEICHENGIFT«

Für die Großmutter war es wichtig, ihren toten Enkel zu sehen. Sie entdeckte, dass er der kleinen Helena ähnlich sah, beides sehr hübsche Kinder. Sie zog dem Baby noch einen dunkelblauen Anzug an, den Nora gekauft hatte. Als die Zweijährige beim Anziehen helfen wollte, erschrak die Großmutter. Sie glaubte, es sei gefährlich, wenn das Kind ihr totes Brüderchen berührte. Noras Mutter hatte in den Sechzigerjahren in einem Krankenhaus gearbeitet, wo noch die Angst vor »Leichengift« umgegangen war. Der Bestatter aber meinte: »Keine

Angst, Leichengift gibt es nicht. Da können Sie völlig beruhigt sein.«

Und dann wurde Caspar zum ersten und zum letzten Mal beschenkt: Seine Tante legte ihm ein Stofftier in den Sarg. Von der Großmutter bekam er den Anhänger einer Kette, die sie selbst oft getragen hatte; es war ein Bild der Muttergottes. Helena opferte ihren Schnuller. Und Nora legte ihre Clogs dazu, genau so, wie sie es sich während ihrer Schwangerschaft einmal vorgestellt hatte.

Zu Hause haben die Eltern dann gemeinsam den kleinen Sargdeckel bemalt. Sie hatten sich für eine Beerdigung ohne Verwandte entschieden, auch ohne Pfarrer, denn David wollte nicht, dass ein Fremder etwas über Caspar sagte. So gingen an einem Sommertag nur der Bestatter und die Eltern hinter dem kleinen weißen Sarg her, der von einem Elektroauto transportiert wurde. Es fuhr mal zu schnell und mal zu langsam. »Man stolpert dann irgendwie hinterher«, schildert Nora die Situation. »Wir haben geschwiegen, und so hörte man nur den Elektromotor; der klang wie ein Staubsauger. Ja, das hat genervt.« Und sie fügt hinzu: »Das kann dann ein sehr langer Weg sein.«

Bei David sind zwei Geräusche aus der schwersten Zeit seines Lebens haften geblieben: Das des CTG, mit dem seine schwangere Frau untersucht wurde, und das des Elektroautos auf dem Friedhof. Damit es endlich verstummte, beschloss der Bestatter, den Sarg selbst zu tragen.

Solange auf dem Friedhof noch die Sommerblumen blühten, ging Nora fast täglich zum Grab. David tat es selten. Er entlastete seine Frau, indem er viel mit der lebhaften Helena unternahm. Ihre Fröhlichkeit war für die Mutter manchmal nur schwer zu ertragen. Ruhe tat ihr gut — sich zurückzuziehen und ein Buch zu lesen. Das ging eine kurze Zeit gut.

Aber dann kamen Spannungen. Nora wollte wieder ein Kind. Sofort. Es war, als ob ihr Körper danach verlangte, so stark war der Wunsch, wieder schwanger zu werden. David weigerte sich. Total. Heute können beide mit einem Lächeln davon erzählen. Mit Recht sind sie ein bisschen stolz darauf, dass sie den Konflikt ohne Schaden überstanden haben.

»Ich wusste einfach, dass man Caspar nicht ersetzen kann«, erzählt David. »Dagegen habe ich mich gewehrt.« Aber wie in allen guten Beziehungen gab es auch hier Handlungsspielraum. Seine Haltung war nicht: »Von Kindern will ich nichts mehr wissen!«, sondern er versicherte seiner Frau, dass er durchaus für ein weiteres Familienmitglied sei, in zwei Jahren etwa. Nach einer Weile wurde Noras Kinderwunsch schwächer; sie war nicht länger davon besessen.

EIN NEUES GLÜCK

Ein Jahr nach dem Verlust wurde sie dann wieder schwanger. Wie zu erwarten, war David nicht froh darüber. Er hatte sich selbstständig gemacht, die Arbeit drohte ihm über den Kopf zu wachsen. Aber schließlich gewöhnte er sich an den Gedanken, erneut Vater zu werden. »Es ist ganz richtig so«, findet er heute. »Denn wenn man es mit den Kindern genau planen will, dann ist immer irgendetwas anderes wichtiger, und dann macht man es vielleicht nie.«

Natürlich habe sie manchmal Angst, gibt Nora zu. Aber ihre Augen offenbaren, dass im Moment die Freude größer ist als die Angst. Eine unbekümmerte Schwangerschaft, weiß sie, wird es für sie nicht mehr geben nach dem, was passiert ist… Dazu kommen noch die

Erfahrungen anderer aus der Selbsthilfegruppe, die sie immer noch besucht: »Es sind all diese Geschichten, die man im Kopf hat. Heute weiß ich eben, wie schnell was passieren kann.« Unbewusst streicht sie über ihren flachen Bauch. Sie hat sich vorgenommen, etwas zu lernen: dass der Tod bei der Geburt eine Ausnahme ist.

Nora Schäfers Frauenarzt hat der Mutter am Anfang der erneuten Schwangerschaft empfohlen, zu einer genetischen Beratung zu gehen. Zwar herrschte schon zu diesem Zeitpunkt absolute Sicherheit darüber, dass der Tod ihres Kindes nicht durch einen genetischen Defekt verursacht worden ist. Aber so, wie die Mutter später ihre Motive beschreibt, hat sie sich wohl eine zusätzliche Beruhigung verschaffen wollen.

Der Aufwand scheint sich für Nora gelohnt zu haben. Von der beratenden Ärztin weiß sie nur Gutes zu berichten: genaues Betrachten aller Umstände, Daten und Unterlagen, sorgfältiges Abwägen und verständliche Aussagen. Zum Beispiel hatten die Eltern wissen wollen, ob Caspar durch Umweltgifte belastet gewesen sein könnte. Ihre Sorgen galten eventuellen Bleirückständen im Wasser oder Chemikalien bei Renovierungsarbeiten im Haus. In der Beratungsstelle hat man ihnen diese Sorgen genommen.

Zur Vorbereitung auf diesen Termin hatten Nora und David nach Krankheiten in ihren Familien forschen müssen. Auf genetische Vorbelastungen sind sie zu ihrer Erleichterung nicht gestoßen. Dennoch gab es für sie eine Neuigkeit. Beim Erstellen eines Stammbaums erfuhren sie, dass auch Davids Großmutter ein Kind bei der Geburt verloren hatte. Es ist aber nie darüber gesprochen worden. Die alte Dame hatte selbst dann noch geschwiegen, als Nora von Caspars Tod erzählte.

Kapitel 4

MEHR TESTS — MEHR ANGST

WARUM SO VIELE RISIKOSCHWANGERSCHAFTEN?

In früheren Zeiten bedeuteten Schwangerschaft und Geburt bekanntlich ein hohes Gesundheitsrisiko. Dass Frauen im Wochenbett starben, war keine Seltenheit, ganz zu schweigen vom Tod des Babys im Mutterleib oder während der Entbindung.

Ein bekanntes Beispiel hierfür ist die Malerin Paula Modersohn-Becker. Mit erst einunddreißig Jahren starb sie 1907 an den Folgen einer Geburt. Ihre Tochter war gesund zur Welt gekommen. Sie war ein Wunschkind gewesen, das sich angekündigt hatte, nachdem es in Paulas kinderloser, krisengeschüttelter Ehe — mit dem Maler Otto Modersohn — zu einer dauerhaften Versöhnung gekommen war. Die Mutter war nach der Entbindung sehr geschwächt gewesen. Strenge Bettruhe schien geboten. Als sie nach etlichen Tagen zum ersten Mal wieder aufstand, steckte sie ihren Zopf zu einer Haarkrone auf und erschien strahlend in der Wohnstube. Dann brach sie zusammen. Sie starb an einer Thrombose. Ihre letzten Worte waren: »Wie schade.«

Historisch betrachtet hatte Mutterschaft immer etwas Lebensbedrohendes. Noch im neunzehnten Jahrhundert gehörte Kindbettfieber zu den häufigsten Todesursachen bei Frauen. Es traf Arme und Reiche, aber für die Armen waren die Folgen, wie üblich, weitaus drastischer. Erst nach einem längeren ideologischen Kampf konnten sich die Vorstellungen von Hygiene, die damals revolutionär waren, unter den Geburtshelfern durchsetzen. Das war auch bitter nötig, gab es doch selbst unter den renommiertesten Ärzten solche, die nicht auf die Idee kamen, sich die Hände zu waschen, bevor sie von einer Geburt zur nächsten schritten.

Dank moderner Medizin und eines ausgefeilten Vorsorgesystems ist heute das Risiko für Mütter und auch für ihre Kinder minimal. Jede Statistik bestätigt das. Gleichwohl scheint die Angst bei den Frauen nicht geringer geworden zu sein. Fast könnte man denken, das Sich-Fürchten sei so etwas wie eine Konstante menschlichen Lebens: Es scheint, als bekomme jeder eine seinem Charakter entsprechende Portion Angst zugeteilt und als müsse er sie aufbrauchen, egal, ob die äußeren Bedingungen dazu passen oder nicht. Das würde erklären, warum Menschen in gewalttätigen Zeiten verblüffend wenig Angst haben, während sie sich in friedlichen Zeiten auch vor dem fürchten, was real noch gar keine Gefahr ist, aber eventuell eine werden könnte.

Auch bei werdenden Müttern sprechen sich schlechte Nachrichten sehr viel schneller herum als gute. Hebammen wissen: Alle Frauen haben Angst vor der Entbindung. Wenn Schwangere ihr erstes Kind erwarten, wird ihre Gedankenwelt häufig völlig bestimmt von Schreckensnachrichten über das, was alles schief gehen kann. Die beängstigenden Geschichten haben sie nicht von ihren Ärzten gehört, sondern von Freundinnen und anderen Frauen, die ihnen im Wartezimmer oder bei der Schwangerschaftsgymnastik begegnet sind. Das Reden über schlechte Erfahrungen bei der Geburt lässt sich kaum vermeiden, denn wenn Mütter so etwas durchgemacht haben, besteht bei ihnen das große

Bedürfnis, darüber ausführlich zu sprechen. Über den Normalfall — man hat es geschafft, es ging ganz gut, es gab auch Schönes — wird dagegen kaum ein Wort verloren.

Auf der anderen Seite wissen alle Schwangeren, dass es das Beste für das Kind ist, wenn sie seiner Ankunft mit Zuversicht und Freude entgegensehen. Das mag gelegentlich zur Folge haben, dass werdende Mütter ihre Ängste beiseite schieben. Bei solchen Frauen kann es dann während der Entbindung passieren, dass ihr Körper blockiert ist. Es geht nicht mehr weiter. Es scheint, als seien die Frauen irgendwo stecken geblieben. Erfahrene Hebammen wissen: Wenn das eintritt, hat sich eine uneingestandene Panik des Körpers bemächtigt. Alles Weitere gehört zum psychologischen Handwerk, das heißt, die konfusen Beklemmungen müssen im Gespräch aufgespürt werden, damit die betroffenen Frauen erkennen können, was bei ihren Befürchtungen realistisch und was völlig übersteigert ist. Meistens kann auf diese Weise die Blockade gelöst werden, und die Schwangerschaft wird durch die Ankunft des Kindes glücklich beendet.

Die Untersuchungen der Sozialwissenschaftlerin Eva Schindele bestätigen, dass die Angst der werdenden Mütter keineswegs geringer geworden ist. Schindele entdeckte aber nicht nur Ängste, die sich auf das Kinder-Kriegen beziehen, sondern genauso auf das *Kinder-Haben.* Sie stellt fest: »Kinder sind das große biografische Risiko für Frauen — sie können den Verlust des Arbeitsplatzes bedeuten und abhängig machen vom Geld des Partners oder des Sozialamtes.«[10] Das sind gleichzeitig die Gründe dafür, warum viele Frauen ihren Kinderwunsch aufgeben oder immer weiter hinausschieben. Im Durchschnitt sind Mütter, die ihr erstes Kind zur Welt bringen, heute dreißig Jahre alt, Tendenz steigend.

Das ist umso schwer wiegender, weil mit zunehmendem Alter die Fruchtbarkeit abnimmt.

In einer repräsentativen Untersuchung kam die Soziologin Ive Stöbel-Richter zu dem Ergebnis, dass achtunddreißig Prozent der Frauen im Alter zwischen fünfundzwanzig und fünfunddreißig Kinderlosigkeit ideal finden. Aber die biologische Uhr tickt, und deshalb ändert sich diese Einstellung schlagartig Mitte dreißig. Ab diesem Alter befürworten nur noch elf Prozent ein Leben ohne Kinder.[11] Die Folge ist, dass viele Paare plötzlich ungeduldig werden. Nun soll es mit der Schwangerschaft, die über Jahrzehnte verhütet wurde, auf Anhieb klappen, was aber angesichts des fortgeschrittenen Alters der Mutter eher unwahrscheinlich ist. Diese unrealistische Erwartung wiederum verursacht Ängste und Stress. Hier kommen also weitere Kräfte ins Spiel, die das Schwanger-Werden zu sabotieren vermögen.

Und wenn es gut geht? Wenn sich endlich ein Kind anmeldet? Dann ist noch längst nicht alles gut. Für die werdenden Mütter über dreißig gehören die pränataldiagnostischen Untersuchungen üblicherweise zum selbst auferlegten Pflichtprogramm. Damit, glaubt Eva Schindele, versucht die Frau auch andere Ängste zu beschwichtigen, die mit den ungelösten sozialen Problemen des Mutterdaseins zusammenhängen. Zudem spricht die Wissenschaftlerin von einer zunehmenden Verunsicherung bei Schwangeren und einer wachsenden Entfremdung zwischen Mutter und Kind. Die Ursachen liegen ihrer Meinung nach in der totalen ärztlichen Überwachung, auch Vorsorge genannt.[12] Die ist heute fünfmal so umfangreich wie noch von zwanzig Jahren.

Im Mutterpass werden inzwischen zweiundfünfzig Risikokriterien aufgezählt. Womit wir bei einem wichtigen Stichwort wären: »Risikoschwangerschaft«. Sie betrifft heute vierzig bis siebzig Prozent aller deutschen Frauen, die ein Kind erwarten. (Es gibt beachtliche regionale Unterschiede, daher die Schwankungen bei den Prozentangaben.) In ihrer Untersuchung weist Schindele darauf hin, dass Risikoschwangerschaften in Holland und Skandinavien nur zwanzig Prozent ausmachen.[13] Diese Länder haben ein anderes Vorsorgesystem. Es liegt nicht in der Verantwortung von Frauenärzten, sondern von Hebammen. Nur in begründeten Ausnahmen werden Mediziner hinzugezogen. Die Säuglingssterblichkeit ist deshalb nicht größer als in Deutschland.

Daraus ergibt sich die Frage: Ist es bei uns gefährlicher als bei unseren Nachbarn, ein Kind zu bekommen? Vermutlich handelt es sich eher um kulturelle als um reale gesundheitlich bedingte Unterschiede, was ein interessantes Forschungsfeld für Medizinhistoriker hergeben würde.

PATIENTINNEN INFORMIEREN SICH

Unbestritten ist, dass in der Regel deutsche Ärzte bis vor kurzem bei Verdacht alles ausschöpften, was Monitore und Tests zu bieten haben, vorausgesetzt, die Krankenkassen spielten mit. Diese tun es inzwischen nur noch bedingt, denn es hat sich eine entscheidende Veränderung ergeben: Frauenärzte können ihre Behandlung von Schwangeren nur noch pauschal abrechnen. Die Einzelfallvergütung ist gestrichen, und das bedeutet, dass ein Mehr an Untersuchungen für den Mediziner nur mehr Arbeit, aber keinen zusätzlichen Verdienst bringt.

In vielen Bereichen der Medizin gibt es große Fortschritte in der Diagnostik. Aber bei einer Reihe von

Krankheitsbildern sind die Methoden der Untersuchung bedauerlicherweise sehr viel weiter entwickelt als die Möglichkeiten der Behandlung. Und so gibt es immer häufiger Menschen, denen man eigentlich wünscht, sie würden nichts von dem wissen, was unweigerlich auf sie zukommen wird. Die Schrecken haben viele Namen: Rollstuhl, Schwachsinn, früher Tod. Unwissenheit hätte den davon betroffenen Menschen womöglich noch ein paar vergnügliche Jahre beschert.

Grundsätzlich wissen Patienten im Vergleich zu früher viel mehr über die einzelnen Schwachstellen, die das Leben bedrohen können — aber nicht *müssen*. Was viele Menschen nicht fertig bringen, ist das Gewichten der Prozentsätze. Bei ihnen bleibt, wenn sie den Satz hören: »Es besteht ein Risiko von zwei Prozent«, nur das Wort »Risiko« hängen. Das heißt, es dringt nicht in ihr Bewusstsein, dass die Gewinnchancen gewaltig sind, nämlich achtundneunzig zu zwei. Und so haben wir die Handlungsmaxime, wonach selbst das klitzekleinste Risiko — Test sei Dank! — noch zu verringern sei.

Auch die Rechtsprechung trägt ihren Teil dazu bei, dass sich die Spirale aus Test-Besessenheit und daraus resultierender Verunsicherung immer höher dreht. So trifft Frauenärzte die volle rechtliche Verantwortung für ein behindertes Kind, wenn sie es versäumt haben, einer Patientin, die fünfunddreißig Jahre oder älter ist, eine Chromosomenuntersuchung vorzuschlagen.

Die beiden derzeit üblichen Tests sind die Fruchtwasseruntersuchung (Amniozentese) und die Chorionbiopsie. Bei der Fruchtwasseruntersuchung saugt der Arzt mit einer Hohlnadel aus der Fruchtblase Flüssigkeit ab. Bei der Chorionbiopsie entnimmt man mit einer Nadel ein wenig von dem Gewebe, das den Embryo umgibt. Beide Methoden erfordern Ärzte, die viel Erfahrung damit haben. Bei solchen Untersuchungen ist das Risiko einer Fehlgeburt äußerst gering, es liegt bei einem halben bis einem Prozent.

RISIKO BEHINDERUNG

Und wie sieht die statistische Wahrscheinlichkeit für ein Kind mit einem Downsyndrom aus? Von eintausenddreihundertdreiundfünfzig Müttern, die fünfundzwanzig Jahre alt sind, bekommt *eine* Mutter ein Kind, bei dem das Chromosom einundzwanzig nicht paarweise, sondern dreimal vorhanden ist. (Deshalb hat das Downsyndrom auch die medizinische Bezeichnung »Trisomie einundzwanzig«.) Bei Fünfunddreißigjährigen liegt das Risiko bei eins zu dreihundertfünfundsechzig — es ist also weit geringer als das Risiko einer Fehlgeburt durch eine Chromosomenuntersuchung.

Allerdings ändert sich das mit steigendem Alter, und zwar radikal. Haben Mütter das fünfundvierzigste Lebensjahr überschritten, liegt das Downsyndrom-Risiko bei dreißig Prozent. Andererseits muss man sich stets vor Augen halten, dass ein gutes Untersuchungsergebnis noch keine hundertprozentige Entwarnung bedeutet, da nur ein Teil der möglichen angeborenen Fehlbildungen auf diese Weise erkannt werden können. Die häufigsten Gesundheitsschäden treten ohnehin während der Geburt auf; sie als »angeboren« zu bezeichnen wäre also falsch. Dies alles müssten sich Schwangere klar machen, wenn sie vor der Frage stehen, ob sie eine Untersuchung vornehmen lassen sollen. Tatsächlich tun die meisten Patientinnen das, was der Gynäkologe ihnen rät. Die Sozialwissenschaftlerin Eva Schindele stellte dazu fest:

Inzwischen scheinen schwangere Frauen ihrem Arzt mehr zu trauen als ihrer eigenen Wahrnehmung. Nur noch neun Prozent aller Schwangeren gestehen sich eigenständige Entscheidungen zu, was ihr Verhalten in der Schwangerschaft und bei der Geburt betrifft. Frauen verknüpfen oft hohe Erwartungen mit dem Besuch beim Gynäkologen: Er ist es, der ihnen ein gesundes Kind zu garantieren scheint — natürlich nur, wenn sie, die Frauen, sich in seine Obhut begeben.[14]

Allerdings gibt es auch den Gegentrend, vor allem unter Ärztinnen. Es wächst die Zahl der Gynäkologinnen, denen es wichtig ist, dass Schwangere wieder befähigt werden, die Verantwortung für ihre Gesundheit selbst zu übernehmen und die eigene Kompetenz zu erkennen. Voraussetzung hierfür ist ein gutes Körpergefühl, das bei Frauen allerdings häufig verschüttet ist und erst wieder belebt werden muss. Entsprechend diesem Leitgedanken wird ihre Aufmerksamkeit geschult.

Die Patientinnen werden ermutigt, sich selbst zu beobachten und sich etwa folgende Fragen zu stellen: Sind das Wehen? Nach welchen Arbeiten oder Ereignissen wird mein Bauch hart? Und wie oft? Sobald der Uterus zu ertasten ist, lernen die Schwangeren, wie sich ein angespannter Bauch anfühlt und dass Kontraktionen keineswegs, wie häufig erwartet wird, wehtun und man deshalb auf andere Warnsignale achten muss. Wie zum Beispiel reagiert mein Körper auf Stress? Die Patientinnen lernen also, Veränderungen wahrzunehmen und zu deuten.

Wichtig ist es, zu verhindern, dass aus äußerlichen und psychischen Belastungen chronischer Stress entsteht. Manchmal genügt ein Gespräch in der Praxis. Die Ärztin wird, wenn nötig, eine Arbeitspause verordnen, oder sie wird die Schwangere zu einer Hebamme schicken, damit diese ihr Entspannungsmethoden beibringt.

Mehr Partnerschaft mit den Schwangeren anstelle von mehr Medizintechnik — so lautet heute die Forderung fortschrittlicher Frauenärztinnen. Aus ihren Reihen hört man zum Beispiel die Aussage: Die vielen Ultraschalluntersuchungen hätten zu ständiger Verunsicherung in der Schwangerschaft geführt, aber nicht dazu beigetragen, die Zahl der Früh- und Totgeburten zu senken. Allerdings macht es nur wenig Sinn, an dieser Stelle der Frage nachzugehen, ob Ultraschall nutzt oder nicht. Dies würde ein ohnehin hoch kompliziertes Thema noch weiter verästeln und vom Kern ablenken.

Worum es uns bei diesem Exkurs über Ultraschalluntersuchungen ging: Wir wollten aufzeigen, dass es *die* optimale Schwangerschaftsvorsorge nicht gibt. Untersuchungen und Tests sind machtvolle Instrumente, die man beherrschen muss — von denen man sich jedoch nicht beherrschen lassen darf.

Ausgefeilte Methoden der Früherkennung sind dann hilfreich, wenn Arzt und Schwangere sich nicht ausschließlich darauf verlassen. Umso wichtiger ist es, dass Frauen wieder lernen, mehr auf sich selbst zu achten, und sich während ihrer Schwangerschaft von einem Arzt begleiten lassen, der ihre Aussagen ernst nimmt. Patientinnen, deren Körpergefühl verschüttet ist oder die ihren eigenen Wahrnehmungen nicht trauen, können nicht erwarten, dass der Arzt es tut. Vor diesem Hintergrund mag das Zerrbild entstanden sein, wonach die Frauen die Dummchen sind und die Mediziner die Allwissenden. Das mag sich steigern bis hin zur Erwartung, die medizinische Technik könne ein perfektes Kind herstellen. Eltern, die sich solchen Illusionen hingeben, sind hochgradig erpressbar. Um von ihnen die Zustimmung für eine Spezialuntersuchung zu bekommen, genügt dann der Satz: »Sie wollen doch wohl nicht, dass Ihrem Kind etwas passiert?«

Die Folge ist, dass die »Medizinierung« der Schwangerschaft weiter voranschreitet. Die Frauen sind in diesem Prozess nicht nur Opfer. Sie tragen ihren Teil dazu bei, wenn sie nur noch als Datenlieferantinnen gesehen werden. Doch: Ein gesundes Kind ist ein Geschenk, das auch noch so viele Untersuchungen nicht garantieren können. Leider ist diese schlichte Weisheit nicht weit verbreitet.

TÖDLICHE SPRITZE

Für einen Teil dieser unguten Entwicklung, wie gesagt, sind die Frauen mitverantwortlich. Aber nur für einen Teil. Wie sieht es zum Beispiel bei der Frage der Fruchtwasseruntersuchung aus?

Dass werdende Mütter hier die freie Wahl haben, dass sie in aller Ruhe das Für und Wider abwägen können, dass ihnen genügend Raum und Zeit bleibt, um ihre innere Stimme wahrzunehmen — all dies wird von der Sozialwissenschaftlerin Schindele bestritten. Wie sie in ihrer wissenschaftlichen Arbeit herausfand, werden Schwangere allzu häufig von Familienangehörigen massiv bedrängt.[15] Immer nach dem Motto: »Sicher ist sicher.« Dagegen begründen jene Frauen, die vor dem Test zurückschrecken, diese Haltung mit ihrer Angst vor einer Fehlgeburt, vor allem dann, wenn sie lange Jahre auf ein Kind gewartet haben.

Eine extreme Belastung kann auch dadurch entstehen, dass sich eine Fruchtwasseruntersuchung erst in der fünfzehnten bis achtzehnten Schwangerschaftswoche durchführen lässt. Die Auswertung ist kompliziert, und die Patientinnen müssen lange auf das Ergebnis warten. Es ist die Zeit, in der die Frauen zum ersten Mal ihr Kind spüren. Es kann ungeheuren Stress bedeuten, über zwei bis vier Wochen hin- und hergerissen zu sein zwischen der Freude über das lebendige Geschöpf im Bauch — und der Angst, es sogleich wieder hergeben zu müssen. In einigen Fällen ist die Schwangerschaft schon bis zur zweiundzwanzigsten oder gar vierundzwanzigsten Woche fortgeschritten, bis das Ergebnis endlich vorliegt.

Über die Probleme, die bei einem späten Abbruch auftreten können, wird gelegentlich in den Medien berichtet. Es sind Fälle wie dieser: Eine Frau erfährt, dass das Ungeborene behindert ist, und entschließt sich zum Schwangerschaftsabbruch. Die Geburt wird künstlich eingeleitet. Aber das Kind ist schon so weit entwickelt, dass es den Eingriff überlebt...

In einem solchen Fall trägt der Arzt die Verantwortung, und aus diesem Grund wurde in einigen deutschen Kliniken das Kind im Mutterleib mit einer Spritze getötet. Das geschah in einer rechtlichen Grauzone und hat seine Ursache in der Neuregelung des Paragrafen zweihundertachtzehn, bei der die zeitliche Begrenzung bei der so genannten »medizinischen Indikation« weggefallen ist.

EINE ENTSCHEIDUNG MIT LEBENSLANGEN FOLGEN

Nur sehr wenige Schwangere machen sich klar, dass sie vielleicht vor dem größten Problem ihres Lebens stehen, wenn das Kind tatsächlich behindert sein sollte: Aus einer harmlosen Routineuntersuchung ist eine grausame Falle geworden, sowohl für die Frau als auch für ihren Partner. Die inzwischen verstorbene Autorin Hannah Lothrop hat es selbst erlebt und in ihrem Buch eindringlich beschrieben:

»Ich kann so eine Entscheidung überhaupt nicht treffen, die kann ein Mensch überhaupt nicht treffen! Verdammter Test!« Was ist wohltätiger meinem Kind gegenüber — ein Leben mit der genetischen Abnormalität oder ihm dieses Leiden zu ersparen? So oder so der Vorwurf … so oder so Schuld! Wir können nicht mehr nicht entscheiden. Selbst wenn wir uns nicht entscheiden, haben wir uns entschieden.[16]

Das Schlimme für die Eltern ist, dass es bei der Frage des Schwangerschaftsabbruchs um eine Entscheidung geht, die — so oder so — lebenslange Folgen hat. Niemand kann sie ihnen abnehmen.

Eigentlich hätten sie in dieser Zeit einfühlsame Begleiter nötig. Aber die meisten Menschen können das Quälende, das in dieser Situation steckt, gar nicht nachvollziehen. Aus der Tatsache, dass neunzig Prozent der behinderten Kinder abgetrieben werden, ziehen Unbeteiligte den Schluss, es handele sich um einen ganz normalen Vorgang, einen Routinefall der Medizin, mehr nicht. Eine große Mehrheit in der Bevölkerung geht davon aus, dass ein behindertes Kind eine unzumutbare Belastung für die Eltern darstellt: Also weg damit! Das klingt brutal. Und so empfinden es auch die betroffenen Eltern, wenn ihnen aus ihrer Umgebung jene Mischung aus Ignoranz und Abwehr entgegenschlägt.

Die andere Seite empfindet bei sich kein fehlerhaftes Verhalten. Im Gegenteil, man ist von der eigenen Güte und Humanität überzeugt. Aus Mitgefühl will man den

Eltern und vor allem dem kranken Kind ein »grausames Schicksal« ersparen.

Behinderte in unserer Gesellschaft, vor allem aber ihre Eltern, kennen den Pferdefuß dieser Einstellung sehr wohl. Aus dem Recht, ein behindertes Kind nicht austragen zu müssen, wird unter der Hand eine *Pflicht* zur Abtreibung abgeleitet — und damit den »Nicht-Perfekten« jedes Lebensrecht abgesprochen.

In diesem Zusammenhang ist es wichtig, die Fortpflanzungsmedizin und die in Deutschland sehr umstrittene Präimplantationsdiagnostik in den Blick zu nehmen. Bei diesem Verfahren werden Embryonen, die im Labor erzeugt wurden, noch im Reagenzglas auf mögliche Erbschäden untersucht. (Das ist in Deutschland, wo in der Öffentlichkeit heftig über diese Thematik diskutiert wird, nicht erlaubt!)

Zwar stellt die Fortpflanzungstechnik eine hoch komplizierte und stark belastende Behandlung dar, die nur bei dreißig Prozent der Frauen zum Erfolg führt. Aber wie man sich denken kann, wird in der Reproduktionsmedizin hart daran gearbeitet, damit künftig zuverlässige Resultate zu erwarten sind. Und so stellt sich die Frage: Könnte die Fortpflanzungsmedizin eines Tages auch für solche Frauen interessant werden, die keine Probleme haben, schwanger zu werden — weil ihnen auf diesem Weg das perfekte Kind in Aussicht gestellt wird?

Was die Gegner des Verfahrens befürchten, ist massiver Missbrauch — sprich, die Optimierung des Nachwuchses durch eine Selektion in der Petrischale.

Schon heute ist in der Gesellschaft, wenn es um behinderte Kinder geht, die Einstellung weit verbreitet: »So was ist doch heute nicht mehr nötig.«

Mit »so was« könnte die fünfjährige Tina gemeint sein, die mit einem Downsyndrom zur Welt kam. Für ihre Mutter bedeutet die Art, wie ihr Töchterchen taxiert wird, ein alltäglicher Schmerz. »Wenn ich mit meiner Kleinen einkaufen gehe, dann möchte ich den Leuten am liebsten zurufen, sie sollen ihren bösen Blick von meinem Kind nehmen.« Und es gibt noch eine zweite ungute Erfahrung: Mütter, die sich für ein behindertes Kind entscheiden, werden mit so genannten wohlmeinenden Ratschlägen überhäuft, die sie selbst als Schläge empfinden.

WENN DAS SCHLIMMSTE EINTRIFFT...

»Ein behindertes Kind. Tu dir das nicht an! Du bist doch noch so jung. Wie soll das alles gehen...?« Die Sätze trafen Christiane Voss* unvorbereitet, und sie trafen sie tief. Fassungslos schaute die sonst so energische junge Frau zu ihrer Mutter, zum Vater und dann zu Paul, ihrem Mann — sie hatte alle drei gegen sich.

Vor wenigen Stunden erst hatte Christiane erfahren, dass ihr zweites Kind mit einer genetischen Missbildung zur Welt kommen würde. Zusammen mit Paul war sie sofort zu ihren Eltern gefahren. Ein bisschen ausweinen wollte sie sich und sich trösten lassen. Sich Zeit lassen. Das Unbegreifliche überhaupt erst einmal begreifen. Aber da standen die drei Menschen, die ihr am meisten bedeuteten, und hatten bereits das Todesurteil parat.

So jedenfalls empfand es Christiane in diesem Moment. Die junge Frau mit dem schwarzen Pagenkopf

---

* Name geändert

wandte sich ab und verließ den Raum. Grenzenlose Einsamkeit war das, was sie empfand — ein Gefühl, das sie noch viele Monate begleiten sollte. Heute weiß sie, dass ihre Eltern mit der Situation total überfordert waren. Und trotzdem: Hatten sie sich nicht auch auf das Enkelkind gefreut? Hätten sie nicht wenigstens ausdrücken können, dass es ihnen Leid tat? Hätte ihre Mutter sie nicht in den Arm nehmen und mit ihr weinen können? Offenbar nicht.

»Im Nachhinein weiß ich: In diesem Moment bin ich wirklich erwachsen geworden«, erzählt sie uns. Dann zeigt sie uns eine Geburtsanzeige, die gleichzeitig eine Todesanzeige ist:

Auch wenn »man« sagt, du hättest nicht wirklich gelebt, so wirst du doch immer in uns weiterleben und unser Denken und Handeln mitbestimmen.

SOPHIA

Geboren am 10. Juli
um 3 Uhr 10
mit 150 Gramm und
einer Größe von 18 cm

Wir sind dankbar, dass du fünf Monate bei uns warst.

Christiane und Paul Voss
mit Tim Jonathan.

Wir werden sie am 20. Juli
ganz in unserer Nähe beerdigen.

Christiane Voss ist ein Mensch, dem es wichtig ist, sich Klarheit zu verschaffen. Sie nimmt sich Zeit, um zu reflektieren. Auf diesem Weg ist sie, obwohl erst Anfang dreißig, zu einer beachtlichen geistigen Unabhängigkeit gelangt. Auch die Dokumentarfilme, mit denen sie ihr Geld verdient, spiegeln diesen Teil ihrer Persönlichkeit wider. Ihre Aussagen sind klar und besitzen eine nachvollziehbare Wahrheit.

Die Mutter erzählt uns von ihren beiden Schwangerschaften. Als sie Tim erwartete, habe sie sich wie eine Königin gefühlt. Ganz anders war es zwei Jahre später. Vom Wohlgefühl der ersten Schwangerschaft war nichts zu spüren. Die Mutter wollte auch nicht, dass Verwandte und der Freundeskreis schon so früh davon erfuhren. Es kam zu Blutungen in der achten Woche. Sie gingen vorbei, aber Christianes Unsicherheit blieb. »Das Nest ist nicht gut«, war das Bild, was sie dafür fand. Die Sorgen um das Kind, das sie sich so sehr gewünscht hatte, blieben.

In der zwölften Woche ließ sie eine Ultraschalluntersuchung machen. Eigentlich sei sie gegenüber dem Ultraschall etwas skeptisch, sagt sie, denn nach ihren Beobachtungen würden die Kinder sich wegdrehen, als sei es ihnen unangenehm. Während also die Mutter auf dem Untersuchungsstuhl lag, der kühle Sensor über ihren Leib glitt und die Frauenärztin den Monitor nicht aus den Augen ließ, wurde deren Gesicht immer ernster. Offenbar hatte sie eine Unregelmäßigkeit entdeckt.

Das Kind — nun etwa neun Zentimeter groß — hatte im Nacken eine dicke Falte; es hatte sich Wasser angesammelt. Das Ödem zeigte sich auf dem Bildschirm als dunkler Fleck. Es war der erste Hinweis auf einen Chromosomenschaden. In diesem Moment, erzählt die Mutter, habe sich für sie ein Abgrund aufgetan. Ihr

Mann versuchte, sie zu beruhigen, aber es gelang ihm nicht. »Erst mal abwarten«, sagte er. Ihr innerer Zeiger aber bewegte sich in Richtung Alarmstufe eins. Der nächste Schritt, der endgültig Klarheit verschaffen sollte, war eine Chorionbiopsie. Der Eingriff wurde in einem Krankenhaus gemacht, zu dessen Chefarzt sie viel Vertrauen hatte. Es war die Geburtshilfestation, wo sie auch Tim zur Welt gebracht hatte.

Nach der Untersuchung musste sie sich ein paar Stunden ausruhen — eine übliche Vorsichtsmaßnahme, um der Gefahr einer Fehlgeburt vorzubeugen. Sie teilte das Zimmer mit zwei anderen Frauen, die eine kurz vor, die andere nach der Entbindung. Vier lange Stunden vergingen, während sie ruhig liegen sollte. Sie wartete auf das Untersuchungsergebnis.

Was danach geschah, ist eine sehr bewegende Geschichte, die im folgenden Kapitel von Christiane Voss mit ihren eigenen Worten wiedergegeben wird.

Kapitel 5

DAS DRAMA EINER FRÜHEN DIAGNOSE: ERFAHRUNGEN EINER MUTTER

MEIN LEBEN IST AUS DEN FUGEN GERATEN

Der Eingriff war sehr schmerzhaft, was ich gar nicht erwartet hatte. Mein Leben ist aus den Fugen geraten. Alles ging so schnell — zu schnell. Und nun das lange Warten. Ein bisschen fühle ich mich wie vor meiner Hinrichtung. Ich wäre so gern allein im Zimmer. Warum stöhnt die eine Frau immerzu? Und dann das Baby der anderen, das dauernd quäkt ...

Abends um halb acht kommt der Doktor. Ich bin erleichtert, ihn zu sehen, und ich habe riesige Angst. Wie auf dem Schafott. Er sagt zu mir: »Es ist ein Mädchen«, was ich gar nicht wissen wollte. Und dann erklärt er mir, was ein Turnersyndrom ist. Er hat ein medizinisches Buch mitgebracht. Man kann keine eindeutigen Aussagen über den Grad der Missbildung machen. Bei »Turner«, sagt er, gebe es alles: relativ leichte und sehr große Behinderung. Viele Menschen sind normal intelligent, andere geistig behindert. Aber kleinwüchsig sind sie meistens. Sie haben einen so genannten Flügelhals, und sie kommen nicht in die Pubertät. Es ist also vor allem eine körperliche Behinderung. Damit kann man leben. In Hamburg, erklärt er, arbeite eine Frau mit Turnersyndrom als Ärztin. Ich höre ihn das alles sagen. Manchmal möchte ich, dass er schweigt. Dann kommt seine Stimme aus weiter Ferne. Ich bin einfach nur fertig und kann das Heulen nicht mehr lassen. Der Arzt ermutigt uns, er rät uns, das Kind zur Welt zu bringen: »Sie schaffen das, und wir unterstützen Sie.« Eigentlich will ich davon noch nichts hören. Mir geht das alles viel zu schnell.

Ein paar Tage später. Ich sammle Fakten. Ich brauche Kriterien für meine Entscheidung. Vor allem aber brauche ich Klarheit über meine Gefühle. Ich habe einen Termin in einer genetischen Beratungsstelle vereinbart. Paul begleitet mich.

Was für eine Frau! Ich habe eine kühle Wissenschaftlerin erwartet. Stattdessen eine Frau Doktor, die supermenschlich ist. Sie spricht ganz sachlich und offen. Bei ihr kann ich sogar den Satz ertragen, der mich sonst verletzt hätte: »Sie bekommen doch bestimmt noch ein weiteres Kind ...«

Ich fand sie so wunderbar normal. Da lag unsere Beraterin im Kostüm bäuchlings auf dem Boden und hat Dias sortiert. Und wir haben gelacht. Wir waren zwei Stunden in dieser verzweifelten Situation bei ihr. Und wir haben gelacht! »Wollen Sie Bilder von Föten sehen?«, hat sie gefragt. »Können Sie das ertragen?«

Ich wollte alles sehen. Ich wollte alles wissen. Sie hat dann gesagt, im Fall unserer Tochter läge ein sehr schwerer Grad von Behinderung vor. Vielleicht würde sie schon vor der Geburt sterben. Beim Abschied hat sie angedeutet, ein Abbruch sei für uns vermutlich besser.

ICH WOLLTE DAS KIND BEKOMMEN!

Es war ein warmer Frühlingstag. Ich erinnere mich, dass draußen vor der Beratungsstelle so kleine Gehsteige waren. Also muss ich immer nach unten geguckt haben.

Ja, und dann war plötzlich für mich klar: Ich krieg das Kind. Ich kann nicht sagen: Ich will dich nicht. Das war mein Gefühl. Davon bin ich auch nie mehr einen Millimeter abgewichen.

Das gab natürlich Spannungen in der Beziehung. Da sind die Fetzen geflogen. Irgendwann wusste Paul: Ich krieg das Kind zur Not auch ohne ihn. Ich habe mich für meine Tochter entschieden und gegen meinen Mann.

Was ich noch nicht erwähnt habe: Paul ist Jurist und sehr karriereorientiert. Im Streit habe ich ihm unterstellt, er hinge an oberflächlichen Werten. Aber das stimmte nicht. Er brauchte einfach Zeit, um sich an die neue Situation zu gewöhnen. Nach zwei Wochen sagte er: »Christiane, ich trag deine Entscheidung mit.« Das waren zwei harte Wochen gewesen.

Ich wurde dicker. Ich wurde darauf angesprochen. Was sollte ich sagen? Ich habe so wenig wie möglich gesagt und sofort das Thema gewechselt. Es war die schlimmste Zeit meines Lebens. Jeden Abend habe ich mich in den Schlaf geheult. Ich habe ja auch noch gearbeitet. Wie das ging, kann ich mir heute überhaupt nicht mehr vorstellen. Dann kam mein Geburtstag. Im Schneideraum haben die Kollegen auf mich und mein Baby angestoßen. Damals habe ich Hannah Lothrops Buch entdeckt: »Gute Hoffnung — jähes Ende«. Das habe ich gelesen wie eine Bibel, jede Seite hundertmal. Sie selbst hatte bei einem Kind auch die »Turner«-Diagnose bekommen und sich dann für einen Abbruch entschieden. Jede Frau ist da anders. Es gibt in diesem Fall keine »gute« Lösung. Jede Entscheidung hat Folgen, auch böse Folgen.

Bei mir war es so, dass ich dachte: Ich hab kein Anrecht auf ein gesundes Kind. Es ist ein Geschenk. Es kann ja auch so sein, dass Tim angefahren wird oder dass mein Mann einen Schlaganfall kriegt und ich ihn pflegen muss, und dann kann ich auch nicht sagen: So, jetzt will ich dich nicht mehr. Ich habe mich in meiner Schulzeit sehr mit Euthanasie beschäftigt. Als Kind bin ich Pfadfinderin gewesen. Da wurde ein integrativer Ansatz vertreten. Schon vor zwanzig Jahren haben wir Fahrten gemacht, an denen auch behinderte Kinder teilnahmen. Ich habe aus dieser Zeit viele Erinnerungen und Erfahrungen, schöne und schwierige. Ich kann heute sehen, dass sie mir Orientierung gegeben haben.

Mein Weg war, dass ich wusste: Wenn ich die Schwangerschaft abbreche, werde ich nicht wieder gesund; »gesund« in dem Sinne von normalem Verhalten, normaler Sexualität — alles, was für mich, für mein Wohlbefinden psychisch wichtig ist. Ich wusste, ich würde das nicht verkraften. Ich würde es nicht schaffen, dieses Kind wegmachen zu lassen.

Und dann war klar, dass Sophia Platz hat. Dass sie Zeit hat. Dass sie das entscheidet. Und ich habe das dann sehr im Einklang mit uns beiden empfunden. Ich habe auch schon sehr früh gespürt, dass sie sich bewegte. Das hat mich gefreut, und es hat mir Angst gemacht. Dem zweijährigen Tim habe ich gesagt: »Das Baby ist krank.« Er war der Einzige, der mich getröstet und mir damit Kraft gegeben hat. Er hat mich getröstet, und dann war »Eisenbahnspielen« dran. So kam ich immer wieder in die Normalität zurück.

MEIN BABY WIRD STERBEN

Jeden Tag dachte ich daran, mein Kind könnte sterben. Aber ich habe auch mit der Mutter eines »Turner«-Mädchens gesprochen, um mich auf einen Alltag mit einem behinderten Kind vorzubereiten. Doch dann kam irgendwann der Punkt, an dem ich gemerkt habe: Ich kann nicht beides. Ich kann mich nicht auf das Leben und gleichzeitig auf den Tod vorbereiten. Das war für mich immer schwerer auszuhalten.

In einem therapeutisch angeleiteten Mütter-Gesprächskreis haben wir Entspannungsübungen und anschließend eine Fantasiereise gemacht. Wir sollten eine Höhle erreichen, die auf einem hohen Berg lag. Ich erinnere mich noch, wie anstrengend es war, den Berg zu erklimmen, obwohl alles doch nur in der Vorstellung geschah. In der Höhle erwartete mich ein alte, weise Frau. Ich fragte sie: »Was ist mit meinem Baby?« Sie antwortete mir, ich müsse es gehen lassen, dann werde es wie ein Engel zum Himmel fliegen ...

Es war für mich eine Eingebung. Es war die Gewissheit, dass das Kind sterben wird. Endlich konnte ich darüber mit anderen sprechen. »Das Baby ist nicht in Ordnung. Es wird sterben«, erzählte ich den Frauen in der Gruppe. Wir haben dann sehr offen unsere Erfahrungen ausgetauscht. Es war das beste Gespräch, das ich seit Wochen hatte.

Mein Fernsehfilm war irgendwann fertig. Der Arbeitsdruck ließ nach. Endlich hatte ich Zeit. Und ich wurde immer dicker, am Anfang des fünften Monats. Ich trug eine gelbe Latzhose. Alle sagten: »Was siehst du gut aus!«

SCHÜTTELFROST UND GÄNSEHAUT

Es waren herrliche Sommertage. Wir haben Ausflüge mit den Rädern gemacht und sind geschwommen. An einem Abend sind wir bei einer Kirmes vorbeigekommen. Tim wollte Karussell fahren. Während er sich glücklich an uns vorbeibewegte, bekam ich plötzlich Schüttelfrost und eine Gänsehaut. Alle Haare haben sich aufgestellt.

In diesem Moment ist Sophia gestorben.

Später habe ich mich selbst ans Steuer gesetzt und bin zur Notaufnahme des Krankenhauses gefahren. Die Ärztin hat es dann bestätigt: »Ich kann keine intakte Schwangerschaft mehr feststellen.«

Ich hab mir dann Zeit gelassen mit der Entbindung. Erst mal bin ich wieder nach Hause gefahren. Die erste Nacht danach war für mich nicht schlimm. Ich war ja darauf vorbereitet gewesen, dass dieser Tag kommen würde. Ich hatte auch keine Angst vor dem toten Kind im Bauch.

Irgendwann war es dann so weit. Mein Mann und ich fuhren wieder ins Krankenhaus, damit die Geburt eingeleitet werden konnte. Aber es war gerade Hochbetrieb auf der Station, überall Hochschwangere und Mütter mit ihren Neugeborenen. Da haben sie in der Klinik gesagt: »Am besten, Sie kommen in zwei Stunden noch mal wieder ...«

Mir war das ganz recht. Denn ich wollte unbedingt noch ein Kleidchen kaufen. Wir sind dann in ein Spielzeuggeschäft gegangen und haben nach Kleidern für eine achtzehn Zentimeter große Puppe gefragt. »Warum haben Sie die Puppe nicht mitgebracht?«, meinte die Verkäuferin. »Das ging nicht«, antwortete ich. »Es ist ein Geschenk.« Später sagte die Verkäuferin ganz gerührt: »Das habe ich ja lange nicht erlebt, wie liebevoll Ihr Mann diese Puppenkleider ausgesucht hat.« Wir haben auch noch ein Jäckchen gekauft und ein Mützchen.

Plötzlich merkte ich, dass ich großen Hunger hatte. Wir sind in ein Restaurant gegangen, und ich habe eine riesige Portion Sauerbraten mit Knödel gegessen.

Danach habe ich die Tüte aufgemacht und noch mal das Totenkleidchen besichtigt.

In der Klinik lag ich dann zum Glück von Müttern und Neugeborenen getrennt. Ich wurde von einer netten jungen Hebamme betreut. Sie meinte, es könne bis zu fünf Tage dauern, bis das Kind da sei. Also, da kriegte ich doch Selbstmitleid, und ich dachte: Was muss ich jetzt noch alles über mich ergehen lassen? Zum Glück bekam mein Mann auch ein Bett in meinem Zimmer. In der Nacht war ich mit dem Tropfgestell auf dem Flur. Auf dem Weg zur Toilette ist die Fruchtblase geplatzt. Das Köpfchen war schon da. Nun hatte ich große Angst, dass ich mein Kind ins Klo fallen lasse ...

MEIN MANN WEINTE

In dieser Nacht also war die Geburt. Ich hatte mir mein Kind, das ja schon drei Tage lang tot war, wie eine Puppe vorgestellt. Es war aber nicht hart. Im ersten Moment dachte ich: Das ist nicht mein Kind. Aber dann sah ich, dass mein Mann weinte, und mir war klar, dass ich mich um das Mädchen kümmern musste.

Da habe ich es auf den Arm genommen und ganz genau angeschaut. Es war mein Kind! Ich habe nämlich ein großes Ohr. Das hatte es auch. Ganz winzig, insgesamt, aber es hatte dieses linke große Ohr. Winzig klein, aber meine Tochter. Später wurden von ihr Fuß- und Händeabdrücke genommen.

Es wurde eine Ausschabung gemacht. Danach sagte man mir: »Sie können sich Ihr Kind auf den Bauch legen.« Da hatte ich tatsächlich Angst, Sophia könnte etwas zustoßen. So habe ich Paul gebeten, sie zu halten, und er hat eine halbe Stunde lang sein totes Kind im

Arm gehalten. Für ihn war es wohl eine schwierige Situation gewesen, aber die einzige Zeit der Nähe, die er mit seiner Tochter verbringen konnte.

Am nächsten Morgen musste das Zimmer frei gemacht werden. Eine junge Ärztin erschien und sagte: »Ich muss das Kind mal allmählich mitnehmen.« Es war unendlich schwer für mich, ihr mein Kind zu übergeben. Ich wollte es selbst zum Bestatter bringen. Aber das ist ja nicht erlaubt. Mein Mann und ich sind dann vom Krankenhaus zum Bestattungshaus gefahren und haben einen weißen Kindersarg ausgesucht.

Als ich wieder zu Hause war, kriegte ich einen Milchbusen ohne Ende. Darauf war ich überhaupt nicht vorbereitet. Mit Quarkpackungen habe ich dann versucht, die Milch zurückzuhalten. Wieder hat mein kleiner Sohn mich getröstet. Ich hab viel geweint in den Tagen vor der Beerdigung, aber ich hatte auch sehr viel Klarheit. Ich war ja nicht die verzweifelte Mutter, die *plötzlich* erfährt, dass ihr Kind tot ist.

Sehr geholfen hat mir auch die Nachsorge-Hebamme. Wir sind heute noch befreundet. Was meine Eltern und Schwiegereltern betraf — sie wollte ich bei der Beerdigung nicht dabei haben. Ich war immer noch verletzt, weil für sie der Tod meines Kindes kein Thema war. Sie sollten nun nicht auch noch Trauer heuchelnd am Grab stehen. Ja, ich war aggressiv damals. Es hat mir dann auch gut getan, dass wir bei dem Begräbnis allein waren: nur Tim, mein Mann und ich.

Niemand, der sagte: »Reiß dich zusammen, Christiane.«

LUFTBALLONS AM GRAB

Wir haben ein Reihengrab gekauft. Mein Mann und ich haben am Abend vor dem Begräbnis einen Brief an Sophia geschrieben. Wir haben Luftballons, einen Blütenkranz und Musik ausgesucht. Ich wollte nicht, dass der Sarg auf dem Friedhof von einem Elektrowagen transportiert wurde. Der Bestatter hat schließlich den Sarg getragen, während wir abwechselnd Tim im Kinderwagen schoben.

Ich habe mir auch während der Beerdigung Zeit gelassen, wie mit allem, was Sophia betraf. Wir haben Musik gemacht und ein Gedicht gelesen.

Sehr lange — eine halbe Stunde? — habe ich vor dem Grab auf der Erde gekniet. Der Bestatter hat mich nicht gedrängt, sondern ganz in Ruhe gelassen. Er hielt sich im Hintergrund. Dann haben Paul und ich den kleinen Sarg selbst in die Erde gelassen. Wir haben ein Plüschtier, eine Spieluhr und Blumen ins Grab gegeben. Tim bekam eine kleine Schippe, und Paul und er haben das Grab alleine zugeschaufelt. Er hat noch Wochen später erzählt, dass er mit dem Papa ganz viel Erde geschaufelt hat.

EIN ABSCHIED IN UNSEREM RHYTHMUS

So geschah alles in unserem Rhythmus. Wir hatten alle Zeit, die wir brauchten. Nach der Beerdigung sind wir gut essen gegangen, unsere kleine Familie allein. Wir haben richtig viel Geld ausgegeben, und das hat sich gelohnt. Wir gingen in ein Restaurant, das am Wasser liegt. Tim hat die Enten gefüttert. Es war ein sonniger, schöner Tag.

Am Abend vor der Beerdigung stand eine ganz entfernte Freundin, von der ich es nie erwartet hätte, mit Blumen vor der Tür. Von den Eltern und Schwiegereltern sind keine Blumen zum Begräbnis gekommen. Später, wenn auf dem Friedhof ein neues Kindergrab dazugekommen war und ich einen Kranz der Großeltern gesehen habe, hat mir das jedes Mal wieder einen Stich gegeben.

Meine Eltern waren, glaube ich, während der Schwangerschaft sehr besorgt um mich. Aber unser Kontakt war schwierig. Als die Schwiegereltern am Telefon von der Totgeburt erfuhren, war das für sie wohl nur noch ein Vorgang. Ihre knappe Reaktion: Na gut, dann ist das ja erledigt. Themawechsel. — Diese Menschen wollte ich erst mal nicht sehen, weil ich dann auch noch die Fassade hätte aufrechterhalten müssen. Man ist ja so dünnhäutig in so einer Situation.

Am Anfang bin ich jeden Tag zum Friedhof gegangen. Das hat mir dann so gefehlt, als wir kurz darauf in die Ferien gefahren sind. Ich hatte immer noch große Sehnsucht nach meinem Kind. Da habe ich mir ein kleines Ritual geschaffen und jeden Tag eine Kerze angezündet. Im Nachhinein sehe ich es so: Es ist alles so gelaufen, wie ich es wollte. Ich habe Sophia zehn Stunden bei mir gehabt. Das war mein großes Glück.

Es gibt Kinder, die voll ausgetragen wurden, die noch gelebt haben, und dennoch durften die Eltern sie nur fünf Minuten bei sich haben. Schwierig war für mich die Diagnose zu einem so frühen Zeitpunkt, aber im Endeffekt war sie gut, weil ich mich auf alles vorbereiten konnte und dadurch eine sehr intensive Zeit mit meiner Tochter erlebt habe.

EINE SELBSTHILFEGRUPPE HAT GEHOLFEN

Die Einsamkeit aber blieb. Sie bestand seit dem Tag, als mich alle in der Familie zum Abbruch gedrängt hatten. Ich konnte mit niemandem darüber reden. Mein Mann verstand das Problem nicht. Wie auch? Die Zeit der Geburt und Beerdigung hatten wir gemeinsam bewältigt. Nun schienen sich unsere Wege zu trennen. Unsere Beziehung war jedenfalls sehr gespannt. Ich habe ihn noch im Ohr: »Das kann ja heiter werden, jeden Abend die Heulerei hier ...«

Es hat mir dann sehr gut getan, dass ich eine Selbsthilfegruppe gefunden habe. Hier fühlte ich mich verstanden und geborgen. Sie haben mir bestätigt: Ich bin normal; ich muss keine Angst haben, verrückt zu werden. Es hat mich auch erleichtert, von anderen belasteten Partnerschaften zu hören. Der Austausch hat mir letztlich geholfen; dadurch ist auch unsere Ehe wieder besser geworden. Unsere Gruppe trifft sich zweimal im Monat. Es sind auch schöne und wichtige Freundschaften entstanden.

Zurück zu den ersten Monaten danach: Wir kriegten ein Schreiben, worin uns die Friedhofsverwaltung bestätigte, dass wir ein Grab erworben haben. Und was steht da? »Sophia Totgeburt Voss«. Steht da sonst etwa »Josef Autounfall Schmitz« oder »Anna Krebs Müller«?

Ich habe mich persönlich im Friedhofsamt beschwert: »So heißt mein Kind nicht.« Als man mich abwimmeln wollte, bin ich in das Zimmer des Amtsleiters gegangen. Für ihn war das natürlich ein Überfall. Also hatten wir erst Streit, aber dann folgten zwei Stunden der Verständigung. Anfangs konnte ich nicht aufhören zu heulen, und er sagte: »Nehmen Sie sich das doch nicht so zu Herzen.« Schließlich hat er sich entschuldigt und die

»Totgeburt« aus dem Computer gestrichen. Später stellte sich noch heraus, dass er selbst auch mit dem Thema persönliche Erfahrungen in seiner Familie hatte.

DEN ANDEREN ZULIEBE FRÖHLICH SEIN?

Es wurde Herbst, dann kam der Advent. Ich sagte ganz klar, ich würde mich weigern, die Feiertage mit meinen Eltern oder Schwiegereltern zu verbringen. Sechs Wochen haben wir uns deshalb gestritten. Mein Mann meinte: Weihnachten ohne Großeltern — das kann man Tim nicht antun. Ich meinte: Das kann man *mir* nicht antun. Paul meinte: Das ist doch ein Familienfest. Ich meinte: Familie gibt es für mich zur Zeit nicht.

Ich war einfach nicht bereit, anderen zuliebe, die meine Trauer ignorierten, ein glückliches Gesicht aufzusetzen und so zu tun, als wäre alles in Ordnung. Ich blieb stur. Auch das darauf folgende Ostereier-Suchen mit den Großeltern habe ich gestrichen. Stattdessen bin ich mit Tim in den Urlaub gefahren. Mir ist schon klar, was damals über mich geredet wurde: »Erst entscheidet sie sich für ein behindertes Kind. Dann stirbt es. Und dann macht sie auch noch ein Drama!«

Da waren diese Freunde von Paul. Eines Tages riefen sie an und fragten, ob es in Ordnung sei, wenn sie ihr Kind »Sophia« nennen würden. Für Paul war das kein Problem. Aber für mich. Ich stellte mir vor: Was ist, wenn sie uns später besuchen kommen — und es hüpft eine kleine Sophia durch unsere Wohnung. Es zeigte sich dann, dass sie nur pro forma gefragt hatten. Sie wollten ihr Kind auf jeden Fall so nennen. Paul sagte noch: »Dann schickt uns bloß keine Geburtsanzeige.« Danach ist der Kontakt völlig abgebrochen.

Jetzt bin ich wieder schwanger, im sechsten Monat. Diesmal habe ich überhaupt keine Untersuchung machen lassen. Am Anfang der Schwangerschaft habe ich mich sehr unwohl gefühlt. Ich musste mich endlos übergeben. Auch im Krankenhaus habe ich schon gelegen.

Es hat eine Weile gedauert, bis das neue Kind seinen Platz hatte. Ich werde alles für die Geburt vorbereiten. Ich hole alle Sachen vom Speicher. Und wenn es anders kommt, dann ist es mein Weg, alles wieder zurückzuräumen. Dann ist jedes Stück etwas, von dem ich mich wieder trennen muss. Ich sag auch nicht: Hauptsache gesund. Ich weiß, dass die meisten Schädigungen der Kinder während der Geburt auftreten.

Genau ein Jahr nach dem Tag, an dem ich die Diagnose Turnersyndrom bekommen hatte, besuchte ich eine Veranstaltung über das Leben mit behinderten Kindern. Dort habe ich mich geoutet und dabei, während ich erzählte, drei Päckchen Tempo voll geweint. Das war gut und richtig, auch um Sophia ihren Platz zu geben. Ich bin das meinem Kind schuldig. Sehr viele Menschen haben sich nachher bei mir bedankt. Das war wieder so ein Meilenstein auf meinem Trauerweg. Er hat mich Kraft gekostet, weil er ja wirklich — abgesehen von der Unterstützung der Selbsthilfegruppe — ein Alleingang war. Darauf bin ich auch stolz.

Ja, das ist *meine* Geschichte.

Kapitel 6

WARUM DAS TRAUERN SO SCHWER FÄLLT: HISTORISCHE UND PSYCHOLOGISCHE HINTERGRÜNDE

ALS FRAUEN DAS SCHWEIGEN BRACHEN

In unserer Kultur sind es vor allem die Frauen, die während der vergangenen Jahrzehnte gelernt haben, über ihre Gefühle zu reden und sich auch Gehör zu verschaffen. Eine umfangreiche Selbsterfahrungsliteratur ist auf diese Weise entstanden. In großer Zahl haben Frauen ihre ganz persönlichen Wege aus jeder Art von Krise oder Lebensbehinderung beschrieben: Abtreibung, Frigidität, Wechseljahre, Krebs, Brustamputation, Tod eines Kindes... Stets ging es in diesen Büchern darum, ein Tabu zu brechen. Und immer wieder geschah es, dass sich die Autorinnen von ihren entsetzten Müttern und Tanten anhören mussten: »Aber Kind, über so etwas spricht man doch nicht.«

Heute lächeln wir über solche Reaktionen, heute, da praktisch alles aus dem Intimbereich in endlosen Talkshow-Ketten ausgeplaudert wird — weshalb schließlich selbst das Thema »Sex« auf dem besten Weg ist, todlangweilig zu werden.

Die Jüngeren von uns können sich überhaupt nicht vorstellen, was die ersten Bekenntnisse in Illustrierten auslösten. Sie trugen Titel wie »Deutschlands Ehen sind nicht glücklich« oder »Ich habe abgetrieben«. In den Sechzigerjahren und noch Anfang der Siebziger gehörte enorm viel Mut dazu, sich über das gesellschaftliche Schweigen hinwegzusetzen. Frauen, die »so etwas« sagten oder gar taten, nannte man leichtlebig und verantwortungslos. Pochten sie zudem auf den Wert ihrer persönlichen Erlebnisse, traten sie selbstbewusst und kämpferisch auf — und nicht wie graue Wissenschaftsmäuse —, dann galten sie als zickig.

Die Tabubrecherinnen der ersten Stunde machten häufig die Erfahrung, dass sie von ihren Großmüttern unerwartet Zuspruch erhielten, während ihre Mütter verständnislos bis peinlich berührt den Kopf schüttelten. Offenbar war es den älteren Frauen gegen Ende ihres Lebens nicht mehr so wichtig, die Bilder von einer harmonischen Ehe oder der heilen Familie aufrechtzuerhalten. Oft hatten sie viele Jahrzehnte geschwiegen, bis dann mit der Enkelin erstmals ein ehrliches Gespräch unter vier Augen möglich war. Die Großmütter erzählten von Demütigungen in der Ehe vor dem Hintergrund finanzieller Abhängigkeit und rechtlicher Entmündigung. Sie erzählten von dem Elend verbotener Abtreibungen, von liebloser Sexualität — oder wie sie sich vom Mann im Stich gelassen fühlten, wenn sie selbst oder ihre Kinder schwer krank waren.

Rückblickend zeigt sich, dass einige Tabus relativ schnell — von einer Generation zur nächsten — zu beseitigen waren, vor allem im Bereich der Sexualität. Hier gilt die Zeitrechnung vor und nach der Pille. Einiges kam Ende der Sechzigerjahre zusammen: eine sensationelle pharmakologische Erfindung, der Beginn der Informationsgesellschaft sowie eine zunehmende Säkularisierung und damit eine Abkehr von kirchlich verordneten Normen. Zahlreiche Menschen verabschiedeten sich leichten Herzens von den rigiden Moralvorschriften.

Zum Thema »Sexualität« hatte es in der Bevölkerung,

die der Kirche nahe stand, schon immer einen offiziellen und einen inoffiziellen Konsens gegeben. Während man in der Öffentlichkeit die »sündige Fleischeslust« verdammte, wurde sie im Verborgenen eifrig gesucht und gefunden, handelte man doch nach dem Gebot: »Du darfst dich nicht erwischen lassen.« Der Genuss lag aber eher aufseiten der Männer. Sie mussten ja auch nicht befürchten, schwanger zu werden.

DIE MODERNE FAMILIE UND DIE NEUEN VÄTER

Wenn in den Sechzigerjahren Frauen über das Thema »Kinderkriegen« sprachen, dann ging es vor allem um das große Zittern, weil die Monatsblutung auf sich warten ließ. Es ging um die Angst vor einem unehelichen Kind.

Heute dagegen liefert das Thema »Kinderkriegen« das Stichwort dafür, den günstigsten Zeitpunkt für eine Familiengründung zu erörtern, und auch für die Frage, wie man es schafft, punktgenau schwanger zu werden. Bei statistisch gerade mal noch 1,25 Kindern pro Familie kann es gar nicht anders sein, als dass die Geburt ein Ereignis ist, das genau geplant wird. Dass diese Rechnung nicht immer aufgeht, dass man das Leben nicht hundertprozentig unter Kontrolle kriegt, steht auf einem anderen Blatt und zeigt sich eben auch in der Statistik über Schwangerschaftsabbrüche.

Als sicher gilt nur, dass in Deutschland überwiegend Wunschkinder geboren werden. Und das ist das eigentlich Neue an der heutigen Zeit: Kinder sind ungeheuer wichtig geworden. Sie sind ihren Eltern weit mehr Freude als Last. Sie kommen kaum noch zur falschen

Zeit, etwa wenn das Geld knapp ist, weil das junge Paar am Anfang seiner Ausbildung steht. Die heute Dreißigjährigen gehören zur ersten Generation, die sich von Kindern einen klaren Gewinn für ihr Leben verspricht.

Auch die werdenden Väter bereiten sich in großer Zahl auf ihre neue Rolle vor. Auch für sie beginnt die Elternschaft, bevor der Nachwuchs auf der Welt ist. Viele Männer sind bereit, die Frauen auf ihrer Besichtigungstournee durch Entbindungsstationen und Geburtshäuser zu begleiten.

Und während so gut wie jeder Mann noch denkt, er gehöre zu den Ausnahmen, wird er das spätestens beim Informationsabend im Kreißsaal revidieren, da er dort jede Menge Geschlechtsgenossen antrifft. Inzwischen sind — auch dies eine erstaunliche Zahl — achtzig Prozent aller Väter bei der Geburt ihrer Kinder dabei.

DER KRIEG UND SEINE FOLGEN FÜR DIE SEELE

Schauen wir eine Generation zurück: Die meisten Eltern der heute Dreißigjährigen sind Kriegskinder oder Kinder der ersten Nachkriegsjahre. Für eine große Zahl waren Bedingungen normal, die in unseren Zeiten kaum noch vorstellbar sind: fast jede Nacht im Luftschutzkeller, und dies ein bis zwei Jahre lang. Später dann das Elend der Flucht, der Hunger und, keineswegs selten, die schwere Verantwortung für junge Mütter, die sich nach einer Vergewaltigung körperlich und seelisch nicht mehr erholten.

In einer solchen Zeit Kind zu sein bedeutet: Es fehlt so ziemlich alles, was heute zur selbstverständlichen Grundversorgung gehört. Aber nicht nur Lebensmittel, Kleidung, Wohnung und Kohle waren in der Nachkriegszeit knapp, sondern genauso die emotionalen Zuwendungen der Eltern. Vater und Mutter waren schwach. Sie hatten mit Mühe überlebt. Darum reichte das, was sie ihren Kindern geben konnten, nicht selten nur zum Überleben, zu mehr jedoch nicht.

Dazu kam die Scham vieler Eltern darüber, dass sie dem verbrecherischen Naziregime so lange die Treue gehalten hatten. Man schwieg und verdrängte — und zahlte für diese Haltung mit einem generellen Mangel an liebevollen Emotionen. Seine Kinder genau zu beobachten, ihre Gefühle ernst zu nehmen, sie tröstend im Arm zu halten und in den Schlaf zu singen: Diese Luxusausstattung elterlicher Fürsorge ist vermutlich nur in stabilen Friedenszeiten möglich.

Andererseits hört man oft, dass der allgemeine Umgang früher menschlicher und wärmer gewesen sei. Das scheint dem Bild, das wir eben gezeichnet haben, nicht gerecht zu werden. Richtig ist, dass Menschen in Notzeiten zusammenrücken, weil eines klar ist: Man braucht sich gegenseitig. Daran denkt man später gern zurück, vor allem an die große Hilfsbereitschaft und das gemeinsame Sich-Mut-Machen. Man denkt auch an das Familienfest, als sich acht Erwachsene und vierzehn Kinder einen Margarine-Kuchen und Brote mit Kunsthonig teilten und doch jeder sich reich beschenkt fühlte. Das vergisst man nie. Man erzählt davon viele Jahrzehnte später als von einer Stunde des absoluten Glücks. So funktioniert das Gedächtnis. Es speichert Momentaufnahmen, keine Zusammenhänge. Die Erinnerung, heißt es, ist das einzige Paradies, das wir Menschen schon zu unseren Lebzeiten betreten dürfen.

Notgemeinschaften bieten zwar Schutz, aber im Allgemeinen keinen Trost. Sie verlangen ein hohes Maß an

Anpassung. Wer dazu gehören will, muss sich zusammennehmen; er muss seine Angst, seine Verzweiflung, seine Trauer und seinen Frust total unter Kontrolle halten.

Bedienen wir uns eines Gleichnisses, und stellen wir uns die Situation auf einem Segelboot vor, fernab vom Festland, bei anhaltender Flaute: Die Tischgespräche sind verstummt; seit zehn Tagen gibt es nur noch rote Bohnen aus der Dose, und noch immer ist kein Land in Sicht... Wehe dem armen Kerl, der als Erster herausplatzt: »Ich kann diesen Fraß nicht mehr sehen!«

Die gleichen Gesetze galten in den Luftschutzkellern, während die Bomben fielen. Wenn jemand seine Angst nicht länger unterdrücken konnte, wenn er außer sich geriet und herumschrie, war das für die anderen, die sich ebenfalls am Rande des Zusammenbruchs befanden, eigentlich nicht zu verkraften.

DIE KINDER MUSSTEN SICH BEHERRSCHEN

So war der Luftschutzkeller der Ort, an dem auch die Kinder Beherrschung zeigen mussten. Das bedeutete, stumm zu sein, still zu sitzen und nicht herumzulaufen, während es in den Beinen unerträglich kribbelte: Folgen der Anspannung und des Mangels an Bewegung.

Als der Krieg vorbei war, erhielten sie von ihren Eltern den ausdrücklichen Auftrag, alles Schreckliche, was geschehen war und noch geschah, schnell wieder zu vergessen. Kinderlachen war erwünscht — und vor allem: schon früh für die Belange der Familie eine Mitverantwortung zu tragen. Dagegen waren Kindertränen und traurige Gesichter geradezu verpönt, hätten sie doch die Eltern mit ihrer eigenen unterdrückten Trauer konfrontiert, mit den vielen unbeweinten Toten und Vermissten der vergangenen Jahre.

Die Nachkriegskinder gehören zu den geburtenschwachen Jahrgängen. Die Kindersterblichkeit war damals hoch, genau wie die Rate der Fehl- und Totgeburten und der Abtreibungen. Es liegt auf der Hand, dass diese Zeiten wenig Raum ließen für die Trauer um ein tot geborenes Kind. Vermutlich wurde den Geschwistern vermittelt, alles sei halb so schlimm, da ja — gottlob! — die Mama wieder gesund sei.

Kein Wunder also, dass die Generationen der Kriegs- und Nachkriegskinder geprägt sind von einem starken Überlebenswillen einerseits und von emotionalen Defiziten andererseits. Schmerzhafte Gefühle wahrzunehmen und sie auszudrücken fällt ihnen schwer. Viele Menschen dieser Jahrgänge haben darunter gelitten.

Eine Minderheit, vor allem Frauen, hat sich in einer Lebenskrise ärztliche oder psychotherapeutische Hilfe geholt. Einigen gelang die Befreiung. Andere verharren in ihrem Kindheitsmuster, auf ewig ungetröstet — und selbst unfähig, andere zu trösten. Ein Defizit, das viele der Nachgeborenen nur schwer begreifen können. Schließlich handelt es sich nicht um hartherzige Charaktere. Man muss sich nur die ausgeprägte Hilfsbereitschaft in dieser Generation anschauen. In allen Notlagen sind sie zu Hilfeleistungen bereit gewesen. Dann haben sie keinen Weg, keine Mühe und kein Geld gescheut. Ihre große Stunde ist da, solange noch Hilfe möglich ist, solange noch etwas zu retten ist. Ganz anders verhalten sie sich in Situationen, auf die sie keinen Einfluss mehr haben. In solchen Fällen neigen sie dazu, Schmerz und Trauer bei anderen zu ignorieren oder klein zu reden.

Oft genug kommt es bei Menschen dieser Prägung vor lauter Hilflosigkeit zu einem sich im Kreis drehenden Aktionismus. Auf dieser psychischen Grundlage ist es möglich, dass Ärzte einen sterbenden Patienten nicht loslassen können, sondern ganz mechanisch das Rettungsprogramm laufen lassen, ohne zu bemerken, dass das eine Folter bedeuten kann. Oder es sind die Angehörigen, die fast nötigend auf den Mediziner einwirken, um eine letzten Endes völlig sinnlose Weiterbehandlung zu erreichen.

Es handelt sich also um Menschen, die es nicht ertragen können, mit ihrer eigenen Ohnmacht konfrontiert zu werden. Für sie gibt es keine schlimmere Situation, als den Eltern eines toten Kindes gegenüberzustehen. Denn dann wird ihre sorgsam versteckte grenzenlose Hilflosigkeit offenbar. Es ist wie in einer Falle: Wenn man könnte, würde man davonlaufen. Man kann aber nicht. Also steht man da mit versteinertem Gesicht und presst ein paar Banalitäten hervor.

Es scheint, dass auch für viele Freunde und Verwandte die Grundpfeiler des Lebens ins Wanken geraten, wenn die Wiege leer bleibt. Das Tabu der toten Kinder hat bei vielen Menschen offenbar die Funktion, vor tiefen seelischen Erschütterungen zu schützen.

In einer Broschüre der Deutschen Bischofskonferenz heißt es:

Während beim Tod eines älteren Menschen sich die Angehörigen von der gemeinsamen Lebenszeit mit ihm verabschieden, stirbt beim Tod eines noch nicht oder gerade geborenen Kindes ein Stück Zukunft. In den ersten Tagen nach dem Verlust des Kindes kommt es bei der Mutter zur Empfindung, selbst gestorben zu sein bzw. selbst nicht mehr zu leben. Der plötzliche Abbruch einer solchen positiven Lebenserwartung bedeutet für Eltern einen dramatischen Einbruch in einen hoffnungsvollen Lebensplan.[17]

Und so erklärt es der Pfarrer und Krankenhausseelsorger Gottfried Lutz in dem von ihm mitherausgegebenen Buch »Ein Hauch von Leben«:

Die Geburt eines Kindes ist immer — nicht nur in der Weihnachtsgeschichte — ganz allgemein ein Symbol der Hoffnung. Ein neugeborenes Kind ist wie eine Bestätigung des Versprechens, daß das Leben Zukunft hat und sich immer wieder erneuert.[18]

Das Vertrauen in die Zukunft gehört zur emotionalen Grundausstattung des Menschen; doch scheint es, wie bei der Kriegsgeneration, häufig ein schwaches, leicht zu verletzendes Pflänzchen zu sein.

Es gibt also sehr viele nachvollziehbare Gründe für die unguten Reaktionen in ihrer unmittelbaren Umgebung, die trauernde Eltern zusätzlich belasten: das Weggucken, das Rationalisieren, das Beschwichtigen, das Ignorieren. Wenn das Schweigen aus der eigenen Familie kommt, ist es für die jungen Paare besonders schwer zu ertragen.

Auffällig ist, dass es hier nur äußerst selten eine Verständigungslinie gibt zwischen den Frauen aus drei Generationen. Viele Jüngere, deren Kind tot zur Welt kam, klagen, dass sie ein anderes Verhalten gerade von der Mutter und den Großmüttern erwartet hätten. Tatsächlich sei aber von den Männern aus ihrer Familie mehr Unterstützung gekommen als von den Frauen. Vater und Großväter hätten wenigstens ihr Mitgefühl ausgedrückt, anstatt so zu tun, als hätte es dieses Kind nie gegeben.

WARUM MÜTTER NICHT TRÖSTEN KÖNNEN

Mag sein, dass vor allem unter den älteren Frauen der Gedanke verbreitet ist: Es gibt doch wohl Schlimmeres als eine Tot- oder Fehlgeburt. Und mag sein, dass sie dafür in ihrer eigenen Generation auch Zustimmung finden. Dennoch drückt diese Haltung ein so auffälliges Maß an Gedankenlosigkeit aus, dass dahinter mehr stecken muss als eben nur — Gedankenlosigkeit. Eigentlich gibt es ja immer etwas Schlimmeres als die Katastrophe, die gerade über einen Menschen hereingebrochen ist. Säßen diese Frauen einem Krebskranken oder einem Mann gegenüber, der gerade seine Frau verloren hat, würden sie diesen Gedanken mit Sicherheit nicht haben.

Wie können Frauen ihre eigenen Töchter und Enkelinnen so im Stich lassen? Spüren sie denn nicht deren Schmerz und Trauer? Die Antwort lautet: Nein.

Wenn Frauen sich nie berechtigt gefühlt haben, wegen ihres tot geborenen Kindes zu trauern, wie sollte es ihnen da möglich sein, im gleichen Fall warmherzig und mütterlich zu trösten? Wir glauben: Wenn Frauen die Totgeburt ihrer Tochter oder Enkelin scheinbar kalt lässt, spricht viel dafür, dass sie selbst an diesem Punkt zutiefst verunsichert sind. Vielleicht fühlen sie sich auch immer noch schuldig, weil sie das Kind, das schließlich tot zu Welt kam, nicht hatten haben wollen.

Nicht darüber reden, verdrängen und vergessen: Diese Strategie war sinnvoll für Frauen wie Marianne Hill, die womöglich an ihrem Kummer, von dem niemand etwas hören wollte, zu Grunde gegangen wäre. Zum Überleben ist Verdrängung nötig.

Wenn aber die Zeiten besser geworden sind, wenn eigentlich ein gutes Leben möglich wäre, wenn es allen Grund gäbe, voll Vertrauen in die Zukunft zu blicken, dann müsste man es wagen, die alte Überlebensstrategie über Bord zu werfen, damit Lebensfreude, Liebe und der Wunsch, sich zu binden, wieder wachsen können. Leider ist es so, dass Menschen tiefe Erschütterungen und Krisen brauchen, um sich von alten Verhaltensmustern zu trennen. Darum sagen wir: Die Begegnung mit trauernden Eltern kann durchaus heilsam sein. Es kann auf Dauer nur gut sein, wenn man mit den eigenen unterdrückten Gefühlen wieder in Kontakt kommt. Aber dafür muss man erst einmal innehalten, sie wahrnehmen und bereit sein, die Erschütterung auszuhalten.

Kapitel 7

DIE GANZE FAMILIE IN NOT

WIR MÄNNER UNTER UNS

Peter Jordan* lernten wir in einer Selbsthilfegruppe kennen. Er hat sie selbst gegründet. Wenn man ihn reden hört, fällt es schwer zu glauben, dass Männer weniger gefühlsbetont sein sollen und sich weniger auf ein Kind freuen als Frauen. »Ich hatte mal einen wunderschönen Traum«, erzählt er. »Da habe *ich* das Kind gekriegt. Ich fand das so herrlich. Dann bin ich aufgewacht und war furchtbar enttäuscht.« Ein Traum, der keine Zweifel offen lässt.

Peter Jordan, Mechaniker von Beruf, ist mit Leib und Seele Vater. Er hat einen Jungen, um den er sich jedes Mal schreckliche Sorgen macht, wenn der Kleine und seine Mama sich nur um eine halbe Stunde verspäten. Natürlich weiß Jordan, dass immer mal etwas dazwischen kommen kann, zum Beispiel ein Verkehrsstau oder eine längere Wartezeit beim Arzt. Aber: »Da ist nun mal diese Vorgeschichte«, sagt er. »Das schüttele ich nicht ab.« Rein äußerlich ist ihm die Aufregung nicht anzumerken. Er ist ein ruhiger Typ, Mitte vierzig, sportlich, durchtrainiert. Ein Fels in der Brandung, könnte man denken, aber, wie gesagt, das täuscht.

Seine traurigen Erfahrungen liegen sechzehn Jahre zurück. Er verlor sein erstes Kind, und er verlor, da die Ehe den Belastungen nicht standhielt, seine damalige

* Name geändert

Frau. Jordans kleine Tochter lebte nur fünfundzwanzig Tage. Dass sie kaum Überlebenschancen hatte, wurde dem Vater unmittelbar nach der Geburt mitgeteilt. Janine kam sofort ins Kinderkrankenhaus. Es geschah ohne Wissen der Mutter, deren Gesundheitszustand nach einem Kaiserschnitt äußerst kritisch war.

Nach dem Motto »Wir Männer unter uns« nahm der Arzt den Vater beiseite, gab ihm einen Klaps auf die Schulter und forderte ihn auf: »Sie müssen Ihrer Frau die Wahrheit sagen. Bringen Sie es ihr aber schonend bei.«

Was sich der Arzt wohl dabei gedacht haben mag?, das fragt sich Peter Jordan noch heute. Er sei damals am Ende seiner Kraft gewesen, so voller Sorge um seine Frau und sein Kind. Und dann noch dieser schreckliche Auftrag, ohne jeden Beistand ...

Das Gefühl der Hilflosigkeit und des Nicht-Wahrgenommen-Werdens setzte sich fort, als Janine gestorben war. »Wenn man ein Kind so früh hergeben muss«, erzählt er, »da hat man von Anfang an das Gefühl, sich rechtfertigen zu müssen. Ich hab zum Beispiel als Allererstes mit meinem Arbeitgeber darüber gestresst, ob mir ein Tag oder drei freie Tage zustehen.«

Die Kollegen im Büro fanden bereits nach einer Woche, dass genug getrauert worden sei. »Mann, Peter, lach doch wieder!«, bekam er zu hören. »Lass uns nicht hängen. Du hast doch sonst immer die besten Witze erzählt.« Der Vater verschickte keine Traueranzeigen, weil der Bestatter meinte, das sei nicht üblich bei einem Kind, das eigentlich noch gar nicht richtig gelebt habe.

Heute bedauert Jordan, dass er sich den Konventionen anpasste, dass er nicht rebellierte, auch beim Begräbnis nicht: Da war dieser Friedhofsarbeiter, der versuchte, den kleinen Sarg mit einer Art Zange zu packen, um ihn in das Grab hinabzulassen. Aber er traf die Mitte nicht, das Gerät rutschte immer wieder ab. So wurde aus dem Sarg, in dem Jordans kleine Tochter lag, ein sperriges Stück Transportgut. Der Vater erinnert sich, wie entsetzt er war und wie er sich in Gedanken aufforderte: »Los! Das musst *du* jetzt machen.«

Aber er traute sich nicht. Er hat den Sarg *nicht* an sich genommen und mit eigenen Händen in die Erde gelegt. Er war wie gelähmt. Sein Zustand änderte sich erst, als er nach Hause kam und das leere Kinderzimmer betrat. Er selbst hatte den Raum mit Holz getäfelt, er selbst hatte die Wickelkommode gebaut. Dieser liebevoll ausgestattete Ort war für seine kleine Tochter bestimmt gewesen — und nicht für ein Kind, das vielleicht später einmal geboren würde. Peter Jordan spürte, dass ein anderes Kind nie ein Ersatz sein könnte für das Baby, das er und seine Frau gerade beerdigt hatten.

Der Vater griff zum Hammer und zerschlug die Wickelkommode. Seine Frau begriff seine Zerstörungswut nicht; sie verstand nicht, was in ihrem Mann vorging. Zwischen den beiden tat sich ein Graben auf, der sich in den folgenden Jahren vertiefte.

Anfangs glaubte er noch, was andere ihm sagten: »Abwarten, das wird schon alles wieder.« Oder: »Es gibt Schlimmeres, warte mal ab.« Aber nichts wurde besser. Im Gegenteil. Peter war verwirrt, schlichtweg aus der Bahn geworfen. Das Entsetzliche und aus heutiger Sicht kaum zu Begreifende war, dass weder er noch sonst jemand wusste, was eigentlich los war — warum er keine Lebensfreude mehr empfand.

Er ging oft allein zum Friedhof und kümmerte sich um das Grab von Janine. Seine Frau wünschte sich, er solle wieder so sein, wie er früher einmal war. Stattdessen zog er sich immer mehr zurück.

Nach zwei Jahren Orientierungslosigkeit fand er schließlich eine Selbsthilfegruppe. Hier erfuhr er, wie unterschiedlich Menschen trauern. Und er prägte sich ein: »Es ist unwichtig, in welcher Phase Sie das Kind verloren haben. Es gibt Eltern, die ihr Kind in der achten Schwangerschaftswoche hergeben mussten und die bis zur Selbstaufgabe getrauert haben.« Andere hätten nach relativ kurzer Zeit das Schlimmste hinter sich gelassen.

Trauer dauert eben, solange sie dauert: So lautet einer der Grundsätze in der Gruppe. Ausschlaggebend seien nicht die Wochen, Monate oder Jahre, die ein Kind gelebt hat. Wichtige Kriterien sind: wie sehr das Kind gewünscht wurde, ob die Trauer behindert oder gefördert wurde, welche Gefühlsausstattung und welche Lebenserfahrung der Einzelne hat und wie die Lebensumstände sind.

Der Austausch in der Selbsthilfegruppe ermöglichte Jordan, sein Gefühlschaos zu begreifen, und unterstützte ihn in einem Prozess der Reife, der ihm half, seine schwere Krise zu überwinden. Rückblickend weiß er: Der Tod von Janine war der große Wendepunkt. Nichts wurde mehr so, wie es einmal war. Er und seine Frau ließen sich scheiden.

Es gibt Schätzungen, dass achtzig Prozent aller Ehen nach dem Tod eines Kindes scheitern. Meistens gelingt es den Eltern nicht, sich aneinander festzuhalten. Oft genug können sie sich nicht einmal über ihre unterschiedliche Art des Trauerns verständigen. Von der einen Seite kommt der Vorwurf: Du bist ja gar nicht richtig traurig. Die andere Seite kontert: Du hast dich in deinem Leiden eingerichtet. Du willst ja gar nicht, dass wir uns wieder dem Leben zuwenden.

In beiden Fällen fühlen sich die Partner im Stich gelassen.

Ein plötzlicher Verlust bedeutet eigentlich immer eine Lebenskrise für die Angehörigen. Wenn man weiß, in welchem Ausmaß der Tod eines Erwachsenen eine Familie belastet, dass vielleicht jedem Mitglied der Boden unter den Füßen weggezogen wird und dass sich das gemeinsame Leid schnell in ein verbittertes Gegeneinander verkehren kann — wenn man dies alles weiß, dann wird klar, dass die Belastung für trauernde Eltern noch weit größer sein muss. Sie sind meistens jung und haben bislang unbeschwert gelebt; den Tod eines Menschen haben sie in der Regel noch nicht erlebt. Das gegenseitige Vertrauen hat noch keine ernsthafte Prüfung bestehen müssen. Vor diesem Hintergrund wird eines deutlich: Ohne Hilfe von außen hat die Beziehung der Eltern, die ihr Kind verloren haben, eine schlechte Zukunftsprognose.

Aber wo finden sie Beistand? Bei Psychotherapeuten? Es kommt ganz darauf an, an wen Trauernde geraten. Im Unterschied zu anderen Ländern hält sich in Deutschland eine alte Vorstellung, die noch auf einer Annahme von Sigmund Freud beruht. Danach müssen Angehörige lernen, ihre Toten loszulassen. Und genau das ist es, was viele Trauernde als Einziges zu hören bekommen: »Sie müssen Ihr Kind loslassen.« Dieser Rat hilft den Eltern nicht. Er dient nur dem Therapeuten, der auf diese Weise beunruhigende Gefühle von sich fern halten kann.

In den vergangenen zwanzig Jahren hat der amerikanische Sozialwissenschaftler Dennis Klass die Trauer von Eltern erforscht, die ihr Kind verloren haben.[19] Sein Ergebnis lautet: Freud, der Begründer der Psychoanalyse, hat sich folgenschwer geirrt. Zwar beendet der Tod ein Leben, er beendet aber keineswegs die Beziehung zum Verstorbenen. Sie wird noch lange Zeit aufrechterhalten. Bei Eltern dauert die Bindung an das tote Kind sogar häufig ein ganzes Leben lang.

DIE BEZIEHUNG ZU DEN TOTEN GESTALTEN

Das Therapieziel darf also nicht »Loslassen« heißen. Der Trauernde muss die Beziehung zu dem Menschen, den er verloren hat, vielmehr neu gestalten. Jeder Mensch trauert anders. Darüber lässt sich innerhalb einer Familie eigentlich nicht verhandeln. Dennoch kommt es immer wieder zu Zugeständnissen, um den Frieden herzustellen.

Meistens sind das allerdings keine guten Lösungen. Einigen sich Eheleute beispielsweise darauf, das tote Kind nicht mehr zu erwähnen (zumal dann, wenn es kein Grab gibt), kann das auf Dauer der Ehe sehr schaden. Dass ein Paar synchron trauert, geschieht eher selten. Aber wie wird es mit den Unterschieden fertig? Der Austausch in Selbsthilfegruppen kann dabei hilfreich sein.

Dafür, dass auch die kleinen Geschwister in die Trauer miteinbezogen werden, plädieren heute alle Experten, die auf diesem Feld arbeiten.

Die zentrale Botschaft lautet: Das tote Kind auf keinen Fall verschweigen. Besonders die Nachgeborenen könnten darunter leiden. Kinder haben im Allgemeinen ein feines Sensorium für alles, was nicht ausgesprochen wird und negativ in die familiären Beziehungen hineinwirkt. Sie spüren: Da ist ein Geheimnis, aber daran darf ich nicht rühren.

In der Familientherapie, die in den Siebzigerjahren in Deutschland Fuß fasste, legt man viel Wert darauf, dass die Ungeborenen einen Platz in der Geschwisterkette bekommen. Zur Diagnose bedienen sich Therapeuten so genannter Genogramme. Das sind Stammbäume, meistens über drei Generationen, die Auskunft geben über die wichtigsten Wendepunkte in jedem einzelnen Leben. Dazu gehören auch die Schwangerschaften. Und deshalb hat man sich nicht nur auf bestimmte Symbole für Geburt, Hochzeit und Tod geeinigt, sondern gleichfalls für Totgeburten, Fehlgeburten und Abbrüche.

DIE SCHEU VOR DEM EIGENEN BABY

Aber was könnten das für Störungen sein, die von Eltern, die unfähig zur Trauer sind, möglicherweise an die Kinder weitergegeben werden?

Dazu zwei Fallgeschichten. In der ersten steht am Anfang ein Drama, das überhaupt nicht wahrgenommen wird: Eine Frau erwacht aus der Narkose und erfährt, dass ihr Kind tot geboren wurde. Es sind die Siebzigerjahre. Kein Abschied. Keine Beerdigung. Die Frau — es war ihre erste Schwangerschaft — findet es ganz normal, dass man ihr das Kind nicht zeigt. Anschließend tut sie das, was der Geburtsmediziner ihr als Rat mit auf den Weg gegeben hat: Sie vergisst, und zwar gründlich. Von einer Freundin auf den Verlust angesprochen, sagt sie nur: »Halb so schlimm. Wir fahren in die Alpen. Jetzt kann ich ja wieder bergsteigen.«

Drei Jahre später bringt die Frau eine Tochter zur Welt. Das Kind ist gesund. Auffällig ist — zumindest für die Freundin — die Art, wie die junge Mutter ihr Baby behandelt: Es wird schnell abgestillt. Es wird beim Füttern nicht auf den Arm genommen. Bevor die Mutter das Fläschchen reicht, bettet sie den Säugling in einen Sessel. Sie scheint eine regelrechte Scheu vor ihrem Kind zu haben. Zwar streichelt sie ihm das Köpfchen, aber weitergehende Zärtlichkeiten beobachtet die Freundin nicht: kein Halten, kein Schmusen. Weder die Mutter noch der Vater finden daran etwas Merkwürdiges. Nur einmal erhält die Freundin einen Hinweis in einem Nebensatz. Offenbar hat die Mutter große Angst, ihr Kind fallen zu lassen ...

Bald zeigen sich erste Störungen. Das Töchterchen will sich nicht füttern lassen. Es erbricht das Essen. Wenn es einmal etwas bei sich behält, sind die Eltern überglücklich. Über Jahre gibt es zwischen ihnen kein wichtigeres Thema als die Frage: »Wie viel hat sie heute gegessen?« Aus einem kränkelnden Kleinkind wird später eine dünne und leicht irritierbare Schülerin. In der Pubertät hat sie erneut das Problem, dass sie häufig erbrechen muss. Mit Anfang zwanzig macht sie eine Therapie. Die körperliche und seelische Verfassung der jungen Frau bessert sich. Auch gelingt es ihr, sich einigermaßen von ihren Eltern zu lösen und auf eigenen Füßen zu stehen. Einmal nur macht sie den Versuch, mit ihrer Mutter über den möglichen Zusammenhang zwischen dem verschwiegenen toten Kind und den Störungen, die sie als Nachgeborene hatte, zu reden. Doch die Mutter will davon nichts wissen.

DEPRESSIV UND VEREINSAMT

Im zweiten Fall geht es um einen Mann von Mitte dreißig, der unter depressiven Verstimmungen leidet. Außerdem ist er vereinsamt; er findet keine Freundin und weiß auch nicht so recht, was er mit ihr würde anfangen sollen, wenn er sie denn hätte. Dem entspricht sein Äußeres. Er sieht nicht aus wie ein Mann, sondern wie ein großes Kind. Dazu passt die Ponyfrisur. Seine Stimme ist gedämpft, genau wie seine Bewegungen. Für seinen Therapeuten ist es keine Überraschung, als er von der kaum entwickelten Sexualität erfährt. Auffällig ist der Name des Patienten: *Sibyl.* Wie der Therapeut weiter erfährt, sind die Eltern große Lyrikkenner. Angeblich haben sie ihren Sohn nach irgendeinem Poeten oder nach einer Figur in einem völlig unbekannten Gedicht benannt.

Der Sohn bekommt von dem Therapeuten den Auftrag, Familienforschung zu betreiben, damit sie zusammen ein Genogramm erstellen können. Nun erst nennen die Eltern den wahren Hintergrund der Namensgebung: Ihr erstes Kind starb bei der Geburt. Es hieß *Sibylle.*

Vierzig Jahre liegt der Verlust zurück. Vierzig Jahre lang haben die Eltern geschwiegen. Währenddessen ist ihr Sohn, ohne es zu wissen, mit einem paradoxen Auftrag durchs Leben gegangen: Er sollte ein großer, starker Junge werden und ihnen gleichzeitig das verlorene Töchterchen ersetzen. Da dies unmöglich zu erreichen war, hat er sich zu einem verstörten Erwachsenen entwickelt, der emotional und sexuell ein Kind geblieben ist.

Kapitel 8

ABTREIBUNG — ODER DIE VERGESSENE TRAUER

DAS RITUAL DER JAPANERINNEN

In einem Park in Kyoto ganz in der Nähe einer sakralen Stätte, aber auch an anderen Orten können Japanreisende eine erstaunliche Entdeckung machen: In den Bäumen hängen unendlich viele hauchdünne Holztäfelchen. Es handelt sich um Botschaften von Frauen nach einem Schwangerschaftsabbruch. Auf diese Weise haben sie Kontakt mit dem abgetriebenen Kind aufgenommen. Nach japanischem Verständnis muss die Mutter etwas tun, um zu verhindern, dass sie den Groll ihres Kindes auf sich zieht. Das Ritual mit den Holztäfelchen ist, wenn man so will, ein »Entbindungs-Vorgang« und damit das psychologische Ende der Schwangerschaft. Vergleichbares gibt es in unserer Kultur nicht. Es wäre aber hilfreich, und deshalb ist auch beim Bundesverband von Pro Familia darüber nachgedacht worden. Ein Sprecher erklärt hierzu: »Das einzige Ritual, das wir in Deutschland kennen, ist die Beratungspflicht. Das kann es doch wohl nicht sein.«

In der Schwangerschaftskonfliktberatung wird man sich eines bestimmten Mangels zunehmend bewusst. Auch das Ende einer Schwangerschaft, die unerwünscht war, kann Schmerz und Trauer auslösen. Hier könnte ein Abschiedsritual heilsam wirken.

Es ist wenig bekannt über die vergessene Trauer nach einer Abtreibung. Es ist ein heikles und immer noch tabuisiertes Thema. Wer es anspricht, gerät leicht in den Verdacht, er gehöre zu den Abtreibungsgegnern.

Wir wollen uns dem Thema nähern, indem wir die Mutter der kleinen Isabell vorstellen. Sie ist Ende dreißig und arbeitet freiberuflich als Sprachlehrerin. Eine dunkelhaarige Frau, ziemlich klein, bedächtig in der Wahl ihrer Worte. Und beharrlich ist sie. Aber das merkt man erst, wenn man genauer hinhört.

Anke Templer* ist die alleinerziehende Mutter einer geistig behinderten Fünfjährigen. Isabell kam mit dem Downsyndrom zur Welt. Jetzt ist die Mutter wieder schwanger. Dass auch dieses Kind behindert sein könnte, gehört zu den Risiken, die sie bereit ist einzugehen. Eine Abtreibung kommt für sie nicht in Frage. Es ist das Ergebnis eines sehr gründlichen Entscheidungsprozesses zu Beginn der ersten Schwangerschaft.

»Ich habe damals mit sehr vielen Freundinnen gesprochen«, erinnert sich Anke. »Und erst mal war ich überrascht, dass praktisch jede zweite Erfahrung mit einem Schwangerschaftsabbruch hatte.« Etwas anderes verblüffte sie noch mehr. »Sie haben fast alle gesagt, das sei ein klare Sache, die Abtreibung sei kein Problem mehr für sie; und im gleichen Atemzug haben sie gesagt: Aber das Kind wäre jetzt sechs oder fünfzehn oder so. Und wenn ihnen ein Kind in diesem Alter irgendwo begegnet, würden sie manchmal daran denken …«

Anke Templer kam zu dem Schluss, im Grunde sei es egal, ob man abtreibe oder das Kind bekomme, es behalte oder zur Adoption freigebe. Entscheidend sei, dass man schwanger geworden ist: entscheidend für das eigene weitere Leben. Sie ist überzeugt: »Es verfolgt einen.« Sie unterbricht unser Gespräch und blickt zu

---

* Name geändert

ihrer Tochter hin, die sich einen Naturfilm über junge Füchse anschaut. Plötzlich schimpft die Kleine los. Ihre Worte sind nicht zu verstehen, aber unmissverständlich regt sie sich über den Anblick eines Fernsehmoderators auf: Er soll verschwinden, und die kleinen Füchse sollen wiederkommen.

RELIGIÖSE EMPFINDUNGEN

Die Mutter lacht. Sie angelt sich ein Kissen, stopft es hinter ihr Kreuz und legt die Arme über ihren Sieben-Monate-Bauch. Sie habe mit Isabell gute Erfahrungen gemacht, sagt sie. »Von daher kann ich nur sagen: Für mich ist es leichter, mit einem, vielleicht auch mit zwei behinderten Kindern zu leben, als mich lebenslang mit einem psychischen Problem herumzuschlagen. Da hab ich immer wieder von Frauen gehört: Ich habe abgetrieben. Und dann haben sie zwei, drei Jahre später ein anderes Kind gekriegt. Und ich denke immer noch: Das ist doch nie dasselbe Kind. Das, das man abgetrieben hat, kriegt man nie wieder.«

Anke Templer ist katholisch. Für sie waren es vor allem religiöse Empfindungen, die ihr einen Abbruch unmöglich machten. Uns ist bewusst, dass ihre Aussagen viel Gewicht bekommen, weil sie am Anfang dieses schwierigen Kapitels stehen. Dasselbe wäre geschehen, hätten wir an dieser Stelle eine Frau zu Wort kommen lassen, die sich zu einer Abtreibung bekennt.

In einer ähnlich heiklen Situation befanden sich die Mitarbeiterinnen von Beratungsstellen, als sie in den Zeiten, in denen am heftigsten um den Paragrafen zweihundertachtzehn gestritten wurde, öffentlich auftraten. Deshalb betonten sie damals stets als Erstes mit vielen Worten ihre Neutralität. Wer sich professionell mit dem Thema »Schwangerschaftsabbruch« beschäftigt, macht sich verdächtig. Allerdings nur in den Augen von Menschen, die glauben, es gäbe in der Abtreibungsfrage eine eindeutig richtige oder eindeutig falsche Lösung.

Was jedoch verbirgt sich hinter Sätzen wie »Ich habe abgetrieben, es war okay für mich, aber...«? Es geht um die Suche nach leisen, eindringlichen Tönen abseits eines ideologischen Streits, der vermutlich nie ganz beigelegt werden wird. Erfahrungen wollten wir sammeln, keine Argumente. Ehrliche Aussagen und Augenblicke des Schweigens. Wir suchten nach Antworten auf Fragen wie diese: Welche Bedeutung erhält ein Schwangerschaftsabbruch, wenn er Jahre, vielleicht Jahrzehnte, zurückliegt, und zwar dann, wenn Frauen Bilanz ziehen, zum Beispiel in der Lebensmitte? Tauchen neue Bewertungen auf? Oder neue Fragen? Welche Schlüsse haben Frauen aus den Folgen ihrer Abtreibung gezogen? Haben sie getrauert? Gab es eine Ehekrise — und wie ist sie ausgegangen? Und welche Rolle hat der Vater bei der Kinderfrage gespielt?

EINFACH NUR JUNG UND UNBEKÜMMERT

Rita Emmerich* war sofort bereit, von ihren beiden Abbrüchen zu erzählen. Sie ist sechsundvierzig Jahre alt, Feministin und hat früher selbst Frauen in Schwangerschaftskonflikten beraten. Vor ein paar Wochen hat sie nach einer zweijährigen Hausfrauenphase eine Stelle als

* Name geändert

Sozialarbeiterin angetreten. Rita ist geschieden und hat zwei pubertierende Kinder. Seit sieben Jahren lebt sie mit dem Mann zusammen, den sie demnächst heiraten wird.

Sie erzählt zunächst von ihrer ersten Abtreibung. Zu jener Zeit war sie einundzwanzig Jahre alt. Da sei sie einfach nur erleichtert gewesen: »Es wurde gemacht. Und ich hatte es hinter mir.« In ihrer Stimme klingt noch ein bisschen nach von der Unbekümmertheit aus einer Zeit, als man jung war, neugierig auf das Leben und seine Angebote, insbesondere auf die Möglichkeiten, die sich in den Siebzigerjahren alternativ zum traditionellen Frauendasein entwickelten. Bloß jetzt kein Kind! Schon gar nicht von einem Mann, der in ihrem Leben kaum eine Rolle spielte. »Also, ich fühlte mich damals gerade erst ein paar Jahre von meiner religiösen Erziehung befreit, war aus der Kirche ausgetreten, nachdem ich mich sehr mit Religion auseinander gesetzt hatte. Ich fühlte mich einfach sehr stark in meinen Ansichten und Werten, die ich gerade erworben hatte.« Es war ein Schwangerschaftsabbruch ohne Konflikt, ohne Trauer.

Fünfzehn Jahre später. Rita ist verheiratet und hat zwei Kinder, die, wie man so sagt, »gerade aus dem Gröbsten raus sind«. Eine völlig andere Lebensphase. Eine Ehe, in der ständig über die gerechte Aufteilung der Hausarbeit gestritten wird. Das alte Lied. Rita fühlt sich oft genug mit den beiden Kindern allein gelassen. Und nun noch ein drittes? »Auf keinen Fall«, sagt der Ehemann. Und seine Frau?

Rückblickend sieht Rita Emmerich es so: Auf der rationalen Ebene sei sie einverstanden gewesen. Die Kinder waren im Kindergarten. Sie wollte eine Ausbildung machen. Außerdem hatte Rita Angst, ihr Mann würde sie während der Schwangerschaft nicht mehr attraktiv finden. Sie wollte auch keine Kinder allein großziehen. Sie fand es schon schwierig genug, wenn sich beide Elternteile um den Nachwuchs kümmern. Die Entscheidung war also klar — dachte sie. Aber sie war es nicht. »Ich habe während des Abbruchs sehr geweint«, erzählt sie, »und konnte mir das nicht erklären. Danach war es aber lange kein Thema mehr.«

Stattdessen wird es zwei Jahre später ein Thema. Rita und ihr Mann wollen sich trennen. Endloser Streit. Beschuldigungen. Alles Unerledigte drängt an die Oberfläche. Rita gesteht: »Da war plötzlich mein Schmerz, mein Vorwurf, dass wir noch ein drittes Kind hätten haben können — also ich habe das unheimlich beweint.« Auch dem Mann wird die Problematik bewusst: »Aber dann war das ja damals gar nicht so klar, wie wir gedacht haben ...«

Die Ehe zerbricht. »Wobei ich nicht so weit gehe zu sagen: wegen des Abbruchs«, urteilt die Frau im Nachhinein. »Aber bei dieser schmerzlichen Trennung war das noch mal ein ganz großes Thema.«

Gottlob liegt dies nun einige Jahre hinter ihr. Eines allerdings ist geblieben: die Angst vor einer ungewollten Schwangerschaft, auch noch in ihrem Alter. Sie weiß, dass Gleichaltrige in der Verhütungsfrage recht unbekümmert sind, da sie sich kaum vorstellen können, überhaupt noch fruchtbar zu sein. Sie selbst könnte das erst nach den Wechseljahren sein.

Rita Emmerichs Geschichte ist kein Normalfall. Sie ist aber auch kein Einzelfall. Gelegentlich erzählen Frauen von der verspäteten Einsicht, dass es nicht gut getan habe, nach reinen Vernunftgründen zu handeln. Irgendwann später hat sich gerächt, dass der Kinderwunsch nicht ernst genommen wurde.

Wenn das Herz zum Kind Ja sagt, der Verstand jedoch signalisiert: »Auf keinen Fall jetzt«, dann kommt es zu einem Konflikt. Die rationalen Argumente mögen bei der Entscheidungsfindung mehr Gewicht haben. Aber wann sind die Bedingungen für ein Kind schon optimal? Zudem sind die Gefühle, die Sehnsucht nach einem Kind, genauso real und wollen beachtet werden. In den meisten Fällen steht die Entscheidung von Anfang an fest. Dazu heißt es in den Beratungsstellen: »Frauen, die ein Kind haben wollen, kriegen es. Egal, unter welchen Bedingungen.« Und umgekehrt: »Frauen, die sich gegen ein Kind entschieden haben, werden alles unternehmen, um es nicht zu bekommen.«

Einer anderen Generation als Rita Emmerich gehört Erika Reis* an. Die Achtundfünfzigjährige ist eine Mischung zweier Typen: aus eleganter Dame und ewig jungem Mädchen. Sportlich fit, dunkelrote Haare. Was sie zu sagen hat, ist deutlich und klar: »Nach meinem heutigen Bewusstsein war der Schwangerschaftsabbruch falsch. Damals wusste ich es nicht besser, und heute geht es für mich darum, das zu akzeptieren«.

»Damals« — das liegt fünfundzwanzig Jahre zurück. »Einen Unfall« habe sie es genannt. Heute bedauert sie es, dass ihr Leben kinderlos geblieben ist. Die Umstände der ungewollten Schwangerschaft sind schnell erzählt: eine Nacht mit einem verheirateten Kollegen nach einer Betriebsfeier. Erika Reis gehörte zu den wenigen gut verdienenden Frauen ihrer Generation. Der Typ Frau, der sich beruflich ständig weiterentwickelt hat. Ohne selbst

---

* Name geändert

Akademikerin zu sein, war sie in ihrer Behörde in die Ebene der gut dotierten Stellen aufgestiegen. Finanzielle Selbstständigkeit war ihr stets wichtig; geheiratet hat sie nie. Sie war bereits ein Single, bevor es diesen Begriff überhaupt gab.

Gewohnt, schnell und allein zu entscheiden, gab es für Erika Reis, als sie schwanger wurde, nur einen Weg: die Fahrt nach Holland. »Etwas anderes ist mir damals überhaupt nicht in den Sinn gekommen«, gibt sie zu. Sie wollte eben die Sache so schnell wie möglich hinter sich bringen und vergessen. Nicht einmal der Vater erfuhr davon. Die Kollegin wollte ihn damit nicht belasten. Ihre Abmachung war ein One-Night-Stand gewesen.

Das »Nicht-mehr-dran-Denken« begann schon auf dem Rückweg von Holland. Erika erinnert sich: »Ich hab sogar vergessen, nachher diese Antibiotika zu nehmen. Meine Schwester war entsetzt über meine Leichtfertigkeit.«

Sie hatte ihren Körper in Reparatur gegeben, mehr nicht. Eine lange Zeit, viele Jahre, dachte sie nicht mehr daran.

Mit Mitte vierzig änderte sich das. Ihre Eltern waren gestorben. Die Tochter nahm den Tod zum Anlass, das eigene Leben zu überdenken. In jener Zeit wurde in ihrem Unterleib ein Myom diagnostiziert. Ausschließlich medizinische Erklärungen reichten der Frau nicht aus. Sie zog eine Verbindung zwischen dem Myom und der offensichtlich nicht verarbeiteten Abtreibung: »Es ist doch so etwas wie eine Blockade am Uterus. Und ich denke heute, ein Kind abzutreiben war eine Blockade im Zentrum meiner Weiblichkeit.«

Für Erika Reis wurde ein Traum zum zentralen Erlebnis: »Ich hab dieses Myom operieren lassen. Und am Tag nach der Operation habe ich geträumt, ich sei schwanger, und es war eine ganz ähnliche Situation wie damals vor der Abtreibung. Auch diesmal war der Mann gebunden; also in meinem Traum war klar, dass unsere Beziehung keine Chance hätte. Neu war: Ich befand mich in einer Beratungssituation, und während des Gesprächs keimte in mir die Hoffnung, dass ich das Kind doch haben könnte. Ich hab gedacht, na ja, die Eltern des Mannes, die helfen dir vielleicht auch ein bisschen ... Da war dieser Hoffnungsschimmer. Da habe ich meinen Kinderwunsch zum ersten Mal zugelassen.«

Während sie davon spricht, kommen ihr die Tränen. »Sie sehen, auch fünfundzwanzig Jahre danach ist das nicht ganz bewältigt. Aber man muss sich natürlich fragen: ›Bewältigen‹ — was ist das?«, denkt sie laut. »Reste dieser Trauer werden mir immer wieder begegnen, und ich muss Ihnen sagen: Ich fühle mich nach solchen Trauerphasen eigentlich immer sehr wohl. Sie gehören zu meinem Leben.« Sagt es und greift unvermittelt zum Handy. Unser Gespräch ist beendet.

»Was mein Leben betrifft«, sagt sie zum Abschied und lacht verschmitzt, »da habe ich mir noch eine Menge vorgenommen.«

DER EHEMANN BEKAM PANIK

Seitenwechsel. Was ist eigentlich mit den Männern? Was sagen sie dazu? Wenig. Weder öffentlich noch privat. Ungewollte Schwangerschaft und Abtreibung ist bei Männern und unter Männern ein Tabuthema. Entsprechend waren die Reaktionen, als wir im Bekanntenkreis herumfragten. Alle winkten ab; es gab nur Absagen. »Kein Thema!«, hieß es, oder, ganz erschrocken: »Da müsste ich ja mein komplettes Leben überdenken.«

Schließlich führten wir mit einem fünfzigjährigen Pädagogen ein aufschlussreiches Gespräch. Auch hier liegt die Abtreibung über zwanzig Jahre zurück und bleibt ein bitteres Kapitel. Hanno Schulz und seine inzwischen von ihm geschiedene Frau Adelheid* waren noch Studenten, als sie beschlossen, ein Kind zu adoptieren. Der Antrag wurde gestellt. Und durch eine Verkettung günstiger Umstände waren sie ein halbes Jahr später die Eltern eines Säuglings. Schnell stellte sich heraus, dass das junge Paar damit überfordert war. Seinen hohen Ansprüchen, es ganz anders und vor allem besser zu machen als die eigenen Eltern, wurde es in keiner Weise gerecht.

Dann wurde Adelheid völlig unerwartet schwanger. »Und ich hab Panik gekriegt«, erzählt Hanno Schulz mit leiser Stimme. »Ich hab gedacht: Wenn du das schon mit einem Kind nicht auf die Reihe kriegst, wie soll das mit dem zweiten werden?«

Dann räuspert er sich und sagt mit Nachdruck: »Ich war mit mir überhaupt nicht im Reinen, mit meiner eigenen Kindheit, nein, vorn und hinten nicht. Ich bin drum rum geschlichen. Ich hab das nicht angeguckt, ich hatte Angst vor dieser Kindergefühlswelt. Denn das hatte sich ja über ein Jahr mit dem Adoptivkind herausgestellt. Ich hätte mich mit mir selbst, mit meinem Vater-Sein und mit meinem eigenen Vater auseinander setzen müssen.«

Der Mann beugt sich nach vorn, fährt sich durch sein graues Haar. Zusehends verliert er seine ursprüngliche Befangenheit. Es sprudelt nur so aus ihm heraus: »Ich weiß nicht wie, aber ich habe meine Frau dazu gekriegt abzutreiben. Ich hab sie einfach beschwätzt! Heute weiß ich, dass sie einen ›Riesenkinderwunsch‹ hatte. Aber

---

* Namen geändert

warum sie nachgegeben hat, ist mir nicht klar. — Wir sind nach Holland gefahren. Und ich war so, wie ich damals alle Dinge gemacht habe, kaltschnäuzig und cool nach außen. Ich hab mich am Abend vorher auch ziemlich besoffen in einem miesen Hotel. Am nächsten Morgen dann dieser seltsame Wartesaal in der Klinik. Da hab ich's nicht mehr ausgehalten. Ich bin gegangen.«

Weggucken. Weglaufen. Warten, bis alles vorbei ist. Nach dem Eingriff fährt Hanno seine Frau im Auto heim. »Ich weiß nur noch, dass sie sauer war, weil ich auf der Rückfahrt 'ne blöde Bemerkung gemacht habe, die witzig sein sollte, so was mit ›Holland in Not‹ ... Sie war unheimlich verletzt. Aber weiter haben wir nicht mehr darüber gesprochen. Nicht über ihr seelisches Befinden — oder gar meins —, auch nicht mit unseren Freunden. Wir haben damals in einer Wohngemeinschaft gelebt. Kein Ton. Nichts.«

Unser Gesprächspartner lehnt sich zurück, er denkt nach. Es folgt eine längere Pause. Seine Worte klingen in uns nach, ganz besonders der Tonfall. Hanno Schulz ist ganz anders, als wir vorher vermutet haben: keine Rechtfertigung, keine Beschuldigungen, kein Selbstmitleid. Ein Mann zieht Bilanz, nicht rational, nicht sentimental, sondern tief erschüttert. »Also, ich denke, dass das wirklich der Wendepunkt war. Da war Schluss«, fügt er hinzu. »Wir haben danach zwar noch zwei Jahre zusammengelebt, aber nebeneinander. Die Beziehung war da schon tot.«

IDEOLOGISCHE OHRFEIGEN

Die Polarisierung im Streit um den Paragrafen zweihundertachtzehn hat dazu geführt, dass der ehrliche Austausch von Erfahrungen, widersprüchlichen Gefühlen, Wünschen und Trauer eindeutig zu kurz kommen. Erfahrungen zum Thema »Schwangerschaft und Abtreibung« sind etwas völlig anderes als das Verteidigen ethischer Normen, was meistens nichts anderes bedeutet, als ideologische Ohrfeigen auszuteilen.

Wer glaubt, unerwünscht schwanger zu werden sei in der heutigen Zeit nun wirklich vermeidbar, muss Menschen generell für unfehlbar halten. Und davon überzeugt sein, dass man Lebenslust, Vitalität und starke Gefühle unter Kontrolle bringen kann wie eine perfekt gewartete Maschine.

Und man muss eines wissen: Bei einer ungewollten Schwangerschaft stellt sich in der Beziehung zwischen Mann und Frau die Vertrauensfrage. Viele Verbindungen zerbrechen daran. In den Beratungsstellen ist das bekannt. Dort weiß man auch: Die Schwangerschaft selbst ist der Wendepunkt. Entweder wird das Kind geboren, oder es stirbt, oder es kommt zum Abbruch. Bei jeder der drei Möglichkeiten wird das Leben nie wieder ganz so sein, wie es einmal war. Wer sich das nicht bewusst macht, kann später damit Probleme haben.

Kapitel 9

WIE FACHLEUTE UND FREUNDE HELFEN KÖNNEN

DAS DILEMMA MIT DEM GELD

Es war einmal eine Bestatterin, zu der immer häufiger Eltern kamen, um ihr Kind beerdigen zu lassen. Offenbar hatte sich in der Region herumgesprochen, dass sie, obwohl Geschäftsfrau, ganz besondere Fähigkeiten besaß, den Trauernden beizustehen. Ihre klare, besonnene und gefühlsoffene Art tat den Eltern gut. Häufig fühlten sie sich dadurch zu Abschiedsritualen ermutigt, die ihnen halfen, das Unfassbare zu begreifen und gleichzeitig von anderen Menschen Trost und Kraft zu bekommen.

Der Bestatterin aber wurde es zunehmend unbehaglich. Den meisten Menschen wird auch die heikelste Aufgabe irgendwann zur Routine, sie legen sich eine Rolle zu und schaffen so eine emotionale Distanz. Anders diese Bestatterin.

Immer weniger war es ihr möglich, einerseits alle Details eines stimmigen Abschieds zu organisieren, andererseits jedoch immer die Kosten im Kopf zu haben, also bei jedem Schritt zu überlegen: Das sind jetzt plus sechshundert Mark, plus zweihundert Mark, plus einhundertfünfunddreißig Mark ...

Sie überlegte hin und her, wie das Problem zu lösen sei, wie sie aus ihrem Gefühlsdilemma herauskommen könne. Und dann wusste sie es: Sie würde überhaupt kein Geld mehr nehmen für ihre Arbeit. »Es ist mein Geschenk an das Kind«, sagte sie dazu.

Seitdem ist sie mit sich im Reinen. Als wir mit ihr über diesen Schritt sprachen, erfuhren wir: Ihr Gewinn bei Kinderbegräbnissen befindet sich nun in einer anderen Kategorie und ist damit größer als alles Materielle. Sie sieht ihren Einsatz als ehrenamtliches Engagement — so, wie viele Menschen unentgeltlich arbeiten, auch in der Sterbe- und Trauerbegleitung.

Das Beispiel zeigt, wie schwierig es ist, sich angesichts eines toten Kindes ausschließlich auf seine Professionalität zu stützen. Wer trauernden Eltern offen entgegentritt, wer sich von ihrem Leid anrühren lässt, der kann eigentlich nicht mehr Dienst nach Vorschrift machen.

DIE ÄNGSTE DES KLINIKPERSONALS

Wir kommen noch einmal auf eine Institution zu sprechen, in der neunzig Prozent aller Kinder auf die Welt gebracht werden: das Krankenhaus. Bärbel Kehrer-Kremer, selbst betroffene Mutter, hat sich in der Berufszeitschrift »Die Schwester/Der Pfleger« sehr direkt an jene gewandt, die als Erste mit den Eltern eines toten Kindes in Kontakt kommen. Ihr Artikel »Und immer stirbt ein Teil von uns« erörtert wesentliche Aspekte der Trauerbegleitung in der Klinik und im Kreißsaal.

Die Frage trauernder Angehöriger oder Eltern: »Warum gerade wir, warum unser Kind?« — macht hilflos und manchmal auch zornig auf jene, die wir dafür verantwortlich machen. Um dieser Bedrohung auszuweichen, neigen Pflegende dazu, Problemsituationen zu verdrängen.[20]

Die Autorin weist nach, dass Verdrängung auch für die Helfer ungesund ist. Womöglich bleibt ein Unbehagen zurück, und später entstehen Ängste, deren Ursprünge nicht mehr zu identifizieren sind. Das Ganze summiert sich dann zum Burn-out-Syndrom. Dazu tritt das ungute Gefühl auf, die Eltern in einer Extremsituation im Stich gelassen zu haben. Hier schließt sich der Teufelskreis: Ein schlechtes Gewissen löst selten den Wunsch aus, im Wiederholungsfall besser vorbereitet zu sein. Üblicherweise funktioniert ein schlechtes Gewissen so, dass man noch intensiver wegschaut bei allem, was aus der Routine fällt. Für das Zurückzucken als Schreckreaktion hat die Autorin Verständnis, aber nicht für ein »Sich-aus-der-Verantwortung-Schleichen«.

Der Tod eines Kindes ist in jedem Abschnitt seines Lebens für die betroffenen Eltern ein Drama und vielfach durch die Erfahrungen in der Klinik ein dauerhaftes Trauma.[21]

Dies zu vermeiden verlangt von den Pflegenden nicht nur Einsicht, sondern auch Mut zum Risiko. Einfach gesagt: Statt gar nichts zu tun, müssen sie lernen hinzunehmen, dass sie auch mal das Falsche tun. So meinen es viele Hebammen gut, wenn sie ein Polaroidfoto von einem verstorbenen Kind machen. Aber gerade weil diese Bilder für fast alle Eltern später von unschätzbarem Wert sind, eignen sich Polaroidfotos wirklich nicht, denn ihre Qualität ist einfach zu schlecht. Darum geben wir an dieser Stelle den dringenden Elternwunsch weiter: bitte eine normale Kamera mit einem normalen Film benutzen. Die Angehörigen des toten Kindes können ihn ja später selbst entwickeln lassen.

Ebenfalls gilt: Den »richtigen«, den in allen Fällen helfenden Trost, gibt es nicht. Nicht alle Mütter wollen, wenn sie weinen, in den Arm genommen werden. Der Mehrzahl aber täte es gut. Wer zurückgewiesen wird, sollte sich das nicht zu Herzen nehmen. Man hat zu trösten versucht, mehr nicht.

Ein Versuch ist allemal besser als gar keiner. Bei der nächsten weinenden Mutter wieder stocksteif dabeizustehen wäre ein Schritt in die falsche Richtung.

MANGELNDE SENSIBILITÄT

Menschlich ist, dass jeder glaubt, in seinem Job gut zu sein, oder zumindest nach außen hin ein solches Bild aufrechterhält. Keiner hört deshalb gern, er habe etwas falsch gemacht. Auch das Krankenhauspersonal bildet da keine Ausnahme.

In den Selbsthilfegruppen ist dieses Problem nur allzu gut bekannt. »Ärzte und Schwestern fühlen sich leicht kritisiert«, erzählte ein Mitglied. »Dabei will ich ihnen ja gar nicht in die Arbeit pfuschen. Ich will sie nur unterstützen.« Es ginge nur um den Wunsch, dass betroffene Eltern in Kliniken auf die Selbsthilfegruppen hingewiesen werden. Dafür, sagte ein engagierter Vater, müsste man aber immer am Ball bleiben. »Sobald ich höre, dass da in einem bestimmten Krankenhaus ein Oberarzt wechselt, gehe ich dort wieder hin. Sonst bleiben die Infos in der Schublade liegen.«

Wenn jemand die Partei trauernder Eltern ergreift, muss er manchmal riskieren, dass es während der Arbeit zu Konflikten kommt.

Ein Beispiel: Grundsätzlich gilt, dass Neugeborene auch bei der allergeringsten Überlebenschance in eine Kinderklinik verlegt werden. Der Arzt drängt dann auf größte Eile. Eine Kinderschwester erzählte jedoch, dass sie in solchen Fällen häufig das Kind nochmals der Mutter in den Arm gelegt hat, und zwar dann, wenn ihr eines klar war: Das ist die letzte Möglichkeit für die Mutter, das Baby noch einmal lebend zu sehen. Dem ging allerdings jedes Mal ein großer Kampf mit dem Arzt voraus.

Nicht jeder verfügt über so viel Sensibilität und Mut wie diese Schwester; das kann auch gar nicht anders sein. Aber ohne Menschen ihres Schlages sähe die Situation trauernder Eltern noch viel bedenklicher aus. Davon abgesehen gibt es viele Wege der Unterstützung.

Ein wichtiger Beitrag ist die Aufklärung der Öffentlichkeit.

Ende der Neunzigerjahre fand ein gruseliger Tatbestand in den Medien große Beachtung. Ausgangspunkt war eine Fernsehsendung gewesen. Ihre Quintessenz war: In Berlin werden Fehl- und Totgeburten in einer Weise entsorgt, dass sie zunächst zu einem »braunen sterilen Granulat« verarbeitet werden und dann in der Hausmüllverbrennung landen. Die dafür zuständige Sonderabfall-Entsorgungsgesellschaft nannte ihr Verfahren legal und unbedenklich.

Empört äußerte sich der Verband Deutscher Bestatter, und der Gesundheitssenat sagte, er habe davon nichts gewusst. Im Übrigen widerspreche die Verarbeitung zu Granulat dem Geist, wenn auch nicht dem Buchstaben des Berliner Bestattungsgesetzes. Die Deutsche Bischofskonferenz sprach von einer »erschreckenden Respektlosigkeit im Umgang mit ungeborenen Kindern«.

Nun allerdings machte die Autorin Viola Roggenkamp darauf aufmerksam, dass weder die Kirchen noch ihre Krankenhausseelsorger in der Entsorgung je ein Problem gesehen hätten — offensichtlich deshalb, weil dieses Thema nicht zu Ende gedacht worden sei.[22] Kein Wort darüber stand in der zwei Jahre zuvor von der evangelischen Krankenhausseelsorge herausgegebenen Broschüre »Gute Hoffnung — jähes Ende«. Genauso wenig gibt es einen Hinweis darauf in der Veröffentlichung der Deutschen Bischofskonferenz aus dem Jahre 1993 mit dem Titel »Eltern trauern um ihr totes neugeborenes Kind«.

DIE ROLLE DER KIRCHEN

In die Selbsthilfegruppen kommen immer wieder Mütter, die sich an die Vorstellung klammern, es gäbe irgendwo ein Gemeinschaftsgrab und man habe ihr Kind zusammen mit anderen Kindern dort in die Erde gelegt. Sie hatten vergeblich versucht, das Grab ausfindig zu machen.

An einigen wenigen Orten ist diese Art der Bestattung tatsächlich üblich, aber dann bleibt es kein Geheimnis. Viola Roggenkamp zitiert eine Ordensfrau, die gleichzeitig Pflegedienstdirektorin im Berliner St.-Josephs-Krankenhaus ist: »Wir sammeln bis zu zwanzig Kinderleichen und legen sie alle in einen Sarg.«[23] Die Eltern werden zur Trauerfeier eingeladen, und viele gehen auch hin. Außerdem erfahren sie, wo ihr Kind beerdigt wurde. Das anonyme Grab wird auch später noch besucht. Eltern legen frische Blumen hin, manche stecken kleine Windrädchen in den Friedhofsrasen.

Trauer ist ein Ausdruck von Liebe und braucht einen Ort.

Noch in den Achtzigerjahren geschah es, dass Geistliche — die meisten gehörten der katholischen Kirche an — sich weigerten, ungetaufte Kinder zu beerdigen. Einen bedauernden Hinweis darauf liest man in den kirchlichen Broschüren nicht. Worte des Bedauerns hätten aber manchen Eltern rückwirkend gut getan.

Zum Beispiel der Mutter, die in dem Buch »Nur ein Hauch von Leben« (herausgegeben von Gottfried Lutz und Barbara Künzer-Riebel) ihre damalige Situation beschreibt:

Es gibt Probleme mit der Beerdigung. Niemand will unseren kleinen Sohn unter die Erde bringen. Matthias ist nicht notgetauft worden und somit kein Mitglied der Kirche; wozu sollte er dann eine kirchliche Bestattung haben ...? Ein Würdenträger empfiehlt uns, Matthias im Krematorium noch aussegnen zu lassen, dann könnte er guten Gewissens die Beisetzung übernehmen. Wir beschließen, einen Pfarrer der anderen Glaubensseite zu fragen, plötzlich ist die Beerdigung möglich.[24]

Die Eltern von Matthias sind überzeugte Christen. Es hat sie tief verletzt, dass die Vertreter ihrer Kirche dem Kind das Begräbnis verweigerten. Der Vater kann freilich differenzieren. Gott und Kirche sind für ihn zweierlei, wie er hervorhebt:

Gott mache ich nicht verantwortlich für Matthias' Tod. Zwar habe ich oft gebetet, daß Matthias leben bleibt und wieder gesund wird. Doch ich sehe diese Gebete nicht als Geschäft an, erwarte nicht zwingend eine Gegenleistung.[25]

Aber offenbar gibt es unter den Christen solche — und solche. Der Vater von Matthias macht bei der Wiedergabe seiner Erlebnisse auch hier eine deutliche Unterscheidung:

Bei den Briefen, die Barbara ein halbes Jahr später auf eine Anzeige hin erhält, sind auch einige, die rein religiösen Trost anbieten, durchaus mit guter Absicht, aber sehr naiv. Mit

»Gott hat's gegeben, Gott hat's genommen« können wir nichts anfangen. Ebensowenig mit »Gott wollte Sie prüfen« (Hiob läßt grüßen). Es ärgert mich, daß es Menschen gibt, die eine solch atavistisch anmutende, archaisch-alttestamentarische Auffassung von Gott haben und solchen Mist über uns ausschütten. Um uns zu prüfen, braucht Gott sicher keine Babys als Blutopfer.[26]

Die Achtzigerjahre sind vorbei, doch noch immer gibt es Pfarrer, die laut sagen: Wer einen starken Glauben hat, der leidet nicht, während er trauert. Wir können uns nicht vorstellen, wer mit einer solchen Aussage zu trösten wäre. Einen Vorteil sehen wir nur für den Pfarrer selbst. Auf diese Weise kann er sich gegen eine mögliche eigene innere Erschütterung abschirmen.

Es ist wohltuend, auf Seelsorger zu treffen, die wirklich Ahnung von Trauerprozessen haben. Vielen Menschen ist es zunehmend ein Bedürfnis, sich über ihre religiösen Erfahrungen in diesen schweren Zeiten auszutauschen. In dem Krankenhausseelsorger Gottfried Lutz würden sie einen sensiblen und kompetenten Gesprächspartner finden, der Trauererlebnisse und Religion miteinander zu verbinden weiß. Das verdeutlicht das folgende Zitat aus »Nur ein Hauch von Leben«:

Eine Mutter, die sehr viel weint, träumt eines Nachts, daß ihr gestorbenes Kind ihr sagt, sie solle jetzt nicht mehr weinen, es gehe ihm sehr gut. Dieser Traum kann auf zwei Ebenen verstanden werden: als Botschaft, wie es dem Kind nach dem Tod in einer anderen Welt tatsächlich geht, oder als innerseelisches Bild. Beide wollen die Mutter zu einer Veränderung ihres Verhaltens auffordern. Auch wenn man, wie ich, die zweite Möglichkeit vorzieht, wird man doch den tröstlichen Charakter des Traums wahrnehmen. Unsere

Seele — ich möchte hinzufügen: durch sie Gott — gibt uns hilfreiche Bilder vom Tod und von dem, was danach kommt. Wollte man aus diesen oder ähnlichen Träumen aber eine Landkarte des Jenseits konstruieren, würde man ihren Sinn verfehlen. Damit würde man die Toten wieder festhalten, statt sie loszulassen.[27]

Von der Bestatterin über die Kinderkrankenschwester bis zum Seelsorger: Es wächst die Zahl der Helfer, die wissen, was trauernde Eltern brauchen. Aber es hat sich bei unseren Gesprächen ebenso gezeigt, dass es nicht nur um Experten gehen kann.

DIE ROLLE DER FREUNDINNEN UND FREUNDE

Die Haltung der Freunde ist für einen gelungenen Trauerprozess fast noch wichtiger. Leider ist es so, dass nach dem Verlust eines Kindes die meisten Freundschaften zerbrechen, weil Wissen und Erfahrungen fehlen.

Freunde können enorm viel tun, vor allem, wenn sie sich klar machen, dass die Trauer um ein Kind nichts grundsätzlich anderes ist als die Trauer um einen Ehepartner oder um Eltern. Astrid von Friesen etwa erzählt vom letzten Weihnachtsfest mit ihrem todkranken Mann, und dabei erfahren wir etwas über ihren Freundeskreis, eine große, starke Wahlverwandtschaft:

Ich hatte Freunde gebeten, für uns Kerzen anzuzünden. Von meiner Mutter stammt diese Sitte: Jede Kerze am Weihnachtsbaum brennt für einen Toten oder Abwesenden. Und Johannes strahlte glücklich, als ich ihm erzählte, an wie vielen Orten für ihn Lichter brennen würden.«[28]

Verwandte und Freunde sorgten dafür, dass sie vor und nach der Beerdigung nicht allein war. Zwei Monate lang kam jeden Abend, nach einem kurzen Anruf, immer jemand zu ihr und übernachtete bei ihr. Die Freunde verständigten sich untereinander, sie wechselten sich ab. Und so erfuhr die Trauernde, was man die Kraft der Gemeinschaft nennen könnte. Sie machte davon reichlich und dankbar Gebrauch.

Sprechen war überlebensnotwendig, aber gleichermaßen auch die körperliche Berührung. Untröstlich, wirklich ohne jeden Trost fühlte ich mich, und auf der Erde hielt mich nur die körperliche Nähe der anderen. (...) Worte halfen oft nicht, weil ich sie gar nicht hören konnte, weil meine Seele woanders weilte. (...) Wichtig wurde die Zeit, die Freunde mir zum Sprechen einräumten. Monatelang. Ich habe den Eindruck, als hätte ich alles hundertmal erzählen dürfen. Sie waren geduldig, ich durfte egozentrisch sein, sie nahmen sich zurück, und ich durfte sie beanspruchen, um Johannes in den vielen Wiederholungen festzuhalten und ihn gleichzeitig mit ihrer Hilfe Stück für Stück loszulassen (...) Ich musste immer wieder hindurch durch den Schmerz, jede Umdrehung der Spirale in den Schmerz hinein und aus ihm heraus an der Hand der Freunde, das war und ist ein Geschenk. (...) Dann konnten wir den letzten Teil des Abends auch über anderes sprechen und auch zusammen lachen. Auch und gerade über Johannes.[29]

Ihre Freunde verstanden es, da zu sein und die Verbindung aufrechtzuerhalten, wozu sie selbst monatelang nicht in der Lage war. Was man Trauernden Gutes tun kann? Sie sagt: Kontakt halten und mütterliche Gesten schenken. Und sie weiß aus eigener Erfahrung: Trauernde regredieren, sie fallen zurück auf eine kindliche Entwicklungsstufe.

Wichtig ist zu spüren, wie alt er sich im Moment unbewusst fühlt. Was jemand braucht, der sich gerade wie ein verlassener Fünfjähriger fühlt, über das Wissen verfügen wir alle: streicheln und liebevolles Dabeibleiben, weinen lassen, trösten und zudecken, den Lieblingspudding kochen und gemeinsam spazieren gehen. Schlichte Seelennahrung, keine großen Worte, keine Erzählungen von Hinz und Kunz.[30]

Als die Autorin dies schrieb, lag der Tod ihres Mannes ein Jahr und zwanzig Wochen zurück. Fast ein Jahr lang, sagt sie, habe sie nur die Wochen gezählt, wie bei einer Schwangerschaft, nur eben rückwärts. Nun sei der Verlust nicht mehr stündlich gegenwärtig, aber immer noch greifbar nah. Durch irgendeine Nebensächlichkeit hervorgerufen, bricht er in ihren Alltag ein, und dann ist er immer noch »wirklicher als die Wirklichkeit«.

Erleichterung brachten ihr die Sachen, die sie, obwohl ihr davor graute, anpackte, statt sie immer wieder vor sich her zu schieben. Dazu gehörte zum Beispiel das Sichten der Papiere ihres Mannes. Wie sehr hatte sie sich vor den Aktenordnern gefürchtet! Aber auf wunderbare Weise war sie auch hier nicht allein. Ein Neffe erschien genau zum richtigen Zeitpunkt und erklärte, er müsse sich dringend auf eine Klausur vorbereiten. Zwei Tische wurden gegeneinander gerückt. Die Witwe nahm den »peinigenden bürokratischen Teil der Bürokratie in Angriff«, während der Student vis-a-vis saß und lernte. Seine Nähe war Trost und Schutz, »ein Damm gegen die Überflutung«.

Wer solche Freunde besitzt, ist zu beneiden.

Kapitel 10

TRAUERNDE ELTERN BRAUCHEN ZEIT

ANGEHÖRIGE UNTER SCHOCK

Das Thema »Trauer« ist kein absolutes Tabu in unserer Gesellschaft. Immer deutlicher wird inzwischen in den Medien die Position vertreten, dass Menschen einen bewussten Abschied brauchen und dass es im Wesentlichen darum gehen muss, sinnentleerte Rituale wieder zu füllen. Aber auch Begleitung ist wichtig. Menschen, die einen Verlust erlitten haben, dürfen nicht allein gelassen werden. Wenn sie unter einem schweren Schock stehen und innerlich zu erfrieren drohen, brauchen sie keine Betäubungsmittel. Sie benötigen vielmehr Beistand und konkrete Hilfsangebote, die es ihnen ermöglichen, wieder eine Verbindung zu den eigenen Gefühlen aufzubauen.

Es war genauso überraschend wie richtig, dass unmittelbar nach einem Flugzeugabsturz im September 1998 die Gesellschaft Swissair den Angehörigen anbot, sie zum Katastrophenort zu fliegen. Da die Maschine ins Meer gestürzt war, musste davon ausgegangen werden, dass viele Tote vermisst bleiben würden. Das bedeutete: Sie würden kein Grab haben.

Indem sich die Angehörigen, begleitet von Psychologen und Seelsorgern, mit dem Todesort konfrontierten, wurde für sie der Verlust real und damit begreifbar. Das Meer vor der kanadischen Küste wurde für sie zum Abschiedsort. Zudem entstanden Kontakte untereinander.

So wuchs eine Gemeinschaft, deren Mitglieder durch das geteilte Leid miteinander verbunden wurden — eine Selbsthilfegruppe der Angehörigen.

Ermutigende Vorbilder wie diese machen Schule, und zwar international. Ähnliche Angebote wurden beispielsweise im Jahr 2000 den Eltern und Ehefrauen jener jungen Männer gemacht, die im russischen U-Boot »Kursk« ums Leben gekommen waren.

DAMIT TOTE NICHT ZU VERMISSTEN WERDEN ...

Die Fluggesellschaft und die russische Marine handelten nach der Erkenntnis, dass Vermisste für jede Familie ungeheuer belastend sind: Stets bleibt ein Rest von Hoffnung, der Sohn oder die Ehefrau könnte durch Zufall überlebt haben.

Noch Jahre später wird durch alle möglichen Spekulationen zu erklären versucht, warum sie sich noch nicht wieder gemeldet haben: weil sie beispielsweise das Gedächtnis verloren haben oder woanders ein neues Leben angefangen haben könnten. Letzteres wird selbst dann für möglich gehalten, wenn es dem Charakter des Vermissten total widerspricht.

Eine große Zahl von Menschen, deren Väter, Brüder oder Ehemänner nicht aus dem Zweiten Weltkrieg zurückgekehrt sind, können es bestätigen: zum Beispiel zwei Schwestern aus Köln, die erst 1996 — nach fünfzig Jahren — die Todesnachricht vom Vater in den Händen hielten. Er sei, so hieß es in einem Schreiben des Auswärtigen Amtes, 1948 in einem sibirischen Kriegsgefangenenlager verstorben. Gleichzeitig wurde den Angehörigen abgeraten, dorthin zu reisen: Der konkrete Todesort sei nicht zu ermitteln; das Lager habe sich zusammen mit vielen anderen Lagern in einer Region befunden, die so groß sei wie das Land Hessen. Trotz dieser Empfehlung bleibt es bei den zwei Schwestern ein wichtiges Thema, ob es nicht doch besser wäre, nach Sibirien zu reisen, um das Unerledigte ein für alle Mal abzuschließen. Vielleicht, so überlegen sie, täten sie damit auch ihrer inzwischen verstorbenen Mutter etwas Gutes, die nie wieder geheiratet hatte und sich auch nie ganz von der Vorstellung hatte frei machen können, ihr Mann habe sich irgendwo in Russland mit einer anderen Frau eine neue Familie geschaffen.

Mit belastenden oder gar feindseligen Fantasien beschäftigen sich auch manche Eltern, wenn sie ihr totes Kind nicht gesehen haben und es nicht beerdigen konnten. Immer wieder kommt es vor, dass Frauen sich einbilden, ihr Baby sei ihnen von einer anderen Mutter gestohlen worden. In bewussten Momenten schämen sie sich ihrer Gedanken und fürchten, verrückt zu werden.

Um zu verstehen, was sie innerlich bewegt, muss man eine Vorstellung vom Ausmaß ihrer Sehnsucht bekommen. »Es war mehr als ein Sich-Sehnen«, beschreibt es eine Mutter. »Es war wie ein wundes Verlangen meines Körpers. Meine Brüste gaben Milch. Die Abstillmittel wirkten nicht.«

Ein Kind hergeben zu müssen, wenn es noch eins ist mit dem Körper der Mutter, empfindet so manche Frau wie eine Amputation. Sie muss sich, um sich von ihrem Kind verabschieden zu können, erst einmal von ihm trennen. Sie muss »ent-binden« — ein Wort, das es nur im Zusammenhang mit der Geburt gibt.

Verabschieden kann man sich eigentlich nur von jemandem, der wirklich existiert hat. Vor diesem Hintergrund wird begreiflich, warum Eltern nach einer Totgeburt oft hartnäckig darum kämpfen, dass die Existenz ihres Kindes von anderen Menschen anerkannt wird.

Sie tun es, indem sie Anzeigen verschicken, die Verwandte und Bekannte vielleicht als provozierend empfinden. Sie tun es, indem sie sich mit Behörden anlegen. Und sie tun es, indem sie ihr Kind einer Öffentlichkeit vorstellen. Das folgende Gedicht schrieb Brigitte Flieger für ihren Sohn Louis; es ist nachzulesen in ihrem Erfahrungsbericht »Beim ersten Kind kam alles anders«:

Zu Hause habe ich mit dir gelebt,
mit dir gespielt,
mit dir gesprochen,
mit dir Musik gehört
und vor allem dich
erwartet.

Vehement schreibt sie gegen das Vorurteil an, dass Kinder, die tot geboren wurden, noch gar nicht richtig gelebt haben. Ihr Ziel hat sie mit diesem Buch erreicht. Wer es zu Ende gelesen hat, wird Louis als eine Person ansehen, obwohl er im Namen des Gesetzes namenlos geblieben ist. In seinem Fall lautete der Eintrag im Familienbuch noch: »Totgeburt, männlich«. Als Begründung wurde angegeben, dass die rechtlichen Bestimmungen etwas anderes nicht zuließen, selbst wenn die Eltern dies ausdrücklich wünschten. Nicht zuletzt dank der Initiative von Selbsthilfegruppen und kirchlichen Gremien hat der Gesetzgeber diese Vorschrift mittlerweile abgeschafft.

Louis hatte bereits einen Platz in der Familie, genauso wie alle anderen Kinder, von denen in diesem Buch erzählt wurde: Jony, Caspar, Sophia, Janine — und als Letzte nun — Imke. Über sie sagt ihre Mutter: »Ich glaube, ich habe vorher noch nie jemanden so geliebt wie dieses Kind!«

Renate Straßberg* schildert ihre Schwangerschaft als die glücklichste Zeit ihres Lebens. Uns gegenüber sitzt eine blasse Frau mit schulterlangen rotblonden Haaren. Sie ist Psychologin und arbeitet in der Altenhilfe. Wir schätzen sie auf Anfang dreißig, aber tatsächlich ist sie schon Mitte vierzig. »Ich fühle mich auch jünger, etwa wie Mitte dreißig«, sagt sie mit einem Lächeln, ohne dass dabei nennenswerte Fältchen auftauchen. »Irgendwie bin ich zehn Jahre zurück. Mein Freund ist acht Jahre jünger als ich.« Bernhard* ist der Vater von Imke und natürlich mehr als nur ein Freund. Aber verheiratet sind sie nicht, und der Begriff »Lebensgefährte« wäre zwar korrekt, jedoch unschön, findet Renate.

ERST EINMAL AUF WELTREISE

Ein Gesprächstermin zusammen mit Bernhard ist nicht zustande gekommen. Zur Zeit ist der Arbeitsplatz des Werbefachmanns, wenn auch nur vorübergehend, sechshundert Kilometer entfernt. Bernhard wolle aus der »Reklamewelt« aussteigen und Heilpraktiker werden, verrät Renate, und dann könnten sie wieder zusammen-

---

* Name geändert

leben. Offenbar trägt sich der gebürtige Münchner schon seit längerer Zeit mit beruflichen Veränderungswünschen.

Als er und Renate sich kennen lernten, hatte er sich für eine einjährige Weltreise beurlauben lassen. Er saß sozusagen auf einem gepackten Rucksack. Normalerweise verlieben sich Menschen nicht am Abend, bevor sie ein Jahr auf Wanderschaft gehen — und wenn doch, dann sagen sie das Unternehmen ab. Nicht so Bernhard. Es hatte gefunkt, kein Zweifel, und dennoch trat er die große Reise an. Während seine neue Freundin ihm zum Abschied winkte, rief sie ihm noch zu, sie werde ihn in ihren Ferien sobald wie möglich besuchen. Und so geschah es. Es gab ein Wiedersehen am Ende der Welt und die Chance, sich nun ein bisschen besser kennen zu lernen.

Zur verabredeten Zeit kehrte der Weltreisende heim, und es begann das Zusammenleben in Renates Wohnung. »Als wir zusammenzogen«, erzählt Renate, »da wussten wir noch gar nicht, dass wir schwanger sind.«

Schon einmal war die Psychologin schwanger gewesen. Als junge Frau hatte sie sich damals zu einem Abbruch entschieden. Diesmal wollte sie das Kind unbedingt haben. Sofort wurde geplant. Die Familie brauchte eine neue Wohnung. »Die Freude war riesig, einfach riesig, auch beim Vater. Nie hätte ich gedacht, dass etwas schief gehen könnte«, sagt die Mutter rückblickend.

Zwar wusste sie, dass man in ihrem Alter von einer Risikoschwangerschaft spricht. Aber als überzeugte Optimistin ließ sie sich davon nicht beeindrucken. Bernhard war entschieden gegen eine Chromosomenuntersuchung, als er erfuhr, dass sie eine Fehlgeburt auslösen könnte. Außerdem wollte er nicht den Ernstfall erleben: sich auf ein Kind freuen und dann womöglich über einen

Abbruch entscheiden müssen. Das wäre für ihn ein unerträglicher Albtraum gewesen.

»Wenn das Kind behindert ist, dann ist es eben behindert«, meinte er. Dazu kam, dass es in ihrem Bekanntenkreis ein Frau gab, der man nach einer Untersuchung gesagt hatte, ihr Baby habe höchstwahrscheinlich eine Behinderung. Als das Kind dann allen Prognosen zum Trotz völlig gesund auf die Welt kam, erlitten die Eltern einen Schock: Beinahe hätten sie dieses Kind abgetrieben.

Auch rückblickend sind Renate und Bernhard froh über ihr Nein zur Untersuchung. Sonst hätten sie diese Monate der Erwartung nicht genießen können. »Mir ging es einfach saugut, psychisch und körperlich«, schildert die Mutter die gemeinsame frohe Zeit. »Bernhard hat ein Kinderliederbuch gekauft und schon gesungen. Natürlich haben wir mit Imke gesprochen. Ihren Namen haben wir in einem Kinderbuch gefunden.«

Des Weiteren suchte sich Renate Straßberg eine erfahrene, ältere Hebamme aus, die sie als eine sehr warmherzige Frau schildert.

EINE BESTÜRZENDE DIAGNOSE

Das Paar wünschte sich eine Hausgeburt. Dieses Vorhaben scheiterte aber am entschiedenen Einspruch der Frauenärztin. Sie nannte das Vorhaben »vermessen« und ermahnte Renate eindringlich, sich ihr Alter bewusst zu machen. Das Paar ließ sich überzeugen und meldete sich im Krankenhaus an. Kurz darauf holten sie bei einer Bekannten die ersten Kindersachen ab.

»Es ging halt gut«, sagt die Mutter. Dann fügt sie traurig hinzu: »Bis zu diesem einen Tag, an dem es nicht mehr gut ging.« Ausgangspunkt war eine Routineuntersuchung durch die Frauenärztin in der zweiunddreißigsten Woche, also acht Wochen vor dem errechneten Geburtstermin. »Ihr Kind ist zu klein«, sagte die Gynäkologin. Eine Spezialuntersuchung im Krankenhaus führte zu dem Verdacht, dass das Kind behindert ist.

Schließlich stand die Diagnose fest: Trisomie achtzehn. Eine extrem seltene Behinderung, hieß es. Normalerweise würde es zu einer Fehlgeburt kommen. Die wenigen Neugeborenen würden nur ganz kurz leben. Bernhard brach weinend zusammen. Renates erster Gedanke war: sofort alles abbrechen. Weg, weg, weg. Aber der Geburtsmediziner im Krankenhaus redete ihnen gut zu, sich Zeit zu lassen: nach Hause zu fahren, alles so weiterzumachen wie bisher und mit dem Kind zusammen zu sein, solange es lebt. Dann wurde er sehr konkret: Es würden bei dem Kind keine lebenserhaltende Maßnahmen ergriffen — also nicht mit Blaulicht in die Kinderklinik ... Außerdem gab er den Eltern das Versprechen, sie in einem gut abgeschirmten Raum unterzubringen, dem so genannten Familienzimmer.

Die Hochschwangere schaute den Arzt fassungslos an. Was hatte der nur für Ideen? Alles so weitermachen wie bisher — wie geht das? Ihr Kind würde nicht leben! Und sie selbst? »Wenn es im Bauch stirbt, sterbe ich dann auch?«, fragte sie entsetzt. Doch diese konkrete Furcht, erinnert sich Renate, sei für sie überraschend schnell ausgeräumt gewesen.

Aber darunter lag noch eine ganz andere Angst. Wie sieht das Kind aus? Wie ein Monster? Eine Angst, die offenbar stärker war als beruhigende Worte. Da mussten Bilder her. Der Arzt fand sie in einem medizinischen Buch und gab den Eltern Kopien. Nun wussten sie die komplette Wahrheit, soweit man sie über ein Ungeborenes wissen kann: Sie würden ein hübsches kleines Baby bekommen, das vielleicht dann schon tot war, aber vielleicht auch eine kurze Zeit mit ihnen verbringen würde.

Die Eltern fuhren wieder heim. Sie weinten viel. Aber nach ein paar Tagen hatte sich bei ihnen der Schock gelöst. Ihr großer Wunsch war nun, dass ihr Kind, das sie mit Sicherheit verlieren würden, noch lebend zur Welt kommen sollte.

ERINNERUNGEN AN GLÜCKLICHE MOMENTE

Wenn das Baby im Bauch schlief, waren sie beunruhigt. Wenn es wach war, schickten die Eltern Klopfzeichen zu Imke, und es schien ihnen, als würden sie von ihr beantwortet. Die Eltern sagten: Bitte, halte durch! Und das Kind antwortete: Ich bin da. Ich helfe euch.

Zur Geburt zog Renate Straßberg mit ihrem Freund in das Familienzimmer der Klinik ein. Es handelte sich um einen Raum mit purpurfarbenen Wänden. Der Anstrich entsprach den Farben, die das Kind im Mutterleib wahrnimmt. Seit die Mikrofotografie den Bauch erobert hat, ist bekannt, dass er keineswegs eine stockdunkle Höhle ist. »Wir selber hatten das Gefühl, dass wir da in einem geborgenen Raum sind«, erinnert sich die Mutter. »Außerdem wurden wir wunderbar umsorgt.«

Die Geburt fand sechs Wochen vor dem errechneten Termin statt, und sie ging ganz schnell. Die erste Begegnung mit ihrer Tochter: Imke lebte!

»Das Kind guckte mich mit riesengroßen dunklen Augen an!« Während Renate davon erzählt, strahlt ihr Gesicht. Wie versprochen ließen Arzt und Hebamme die Eltern mit ihrem Kind allein. Man glaubte, es würde nach einer halben Stunde sterben. Jede Minute wollte man Mutter und Vater gönnen.

Tatsächlich lebte Imke noch drei ganze Tage. Diese vielen Stunden enthalten für Renate und Bernhard die kostbarsten Erinnerungen. Außenstehende können sich diesen langen Abschied nur als eine endlose Kette des Schreckens vorstellen. Es ist ihnen unbegreiflich, dass es für die Eltern auch glückliche Momente gegeben haben soll. Und doch war es so: als die beiden auf dem Bett einschliefen, die kleine Tochter ruhig zwischen sich liegend. Oder ein anderes Ereignis: Die Mutter legte sich das bläulich angelaufene Baby auf die Brust, worauf seine Haut wieder rosig wurde. Stets war in solchen Augenblicken das Gefühl vorhanden: Wir drei haben Zeit zusammen, und dafür sind wir dankbar. Später meinte die Hebamme, das Kind hätte wohl im Bauch gespürt, dass nicht mehr viel Zeit bliebe, und da hätte es gedacht: Jetzt beeile ich mich und komme ganz schnell raus.

Dann, im Verlauf einer Nacht, wurde Imkes Atem unregelmäßig. Ob sie sehr gelitten hat?, fragt sich ihre Mutter noch heute. Sie kann es nicht einschätzen. Unter Tränen sagten die Eltern ihrem Kind: Es ist in Ordnung, du kannst jetzt gehen.

Renate spricht offen und ehrlich über ihre zwiespältigen Gefühle. »Man sagt das zwar: Du kannst gehen. Ich weiß aber nicht, ob das tatsächlich in der Tiefe unser Wunsch war.« Tatsächlich gab es wohl zwei sich widersprechende Wünsche. Die Eltern wollten nicht, dass Imke stirbt, und sie wollten nicht, dass sie leidet. Sie hielten sie abwechselnd im Arm — bis ihre Tochter schließlich starb.

Später werden Renate und Bernhard den Menschen, die ihnen nahe stehen, erzählen, noch nie in ihrem Leben seien sie innerlich so tief berührt worden. Und dass dies die wichtigste Zeit in ihrem Leben gewesen sei. Dass dadurch auch ihre Beziehung zueinander noch stärker und liebevoller geworden sei. Und dass man ihnen bitte glauben möge: Der Abschied von Imke habe nicht ausschließlich aus Schmerz und Qual bestanden, er sei zudem anrührend und — im Rückblick erkennbar — auch stärkend gewesen. »Ja«, bekräftigt Renate noch einmal. »Es war eben auch schön.«

KRAFT FÜR DEN ABSCHIED FINDEN

Später haben die Eltern ihr totes Baby zum Kühlraum gebracht. Sie wollten es so lange wie möglich begleiten. Als sie es in einen Metallbehälter betteten und Blümchen dazu legten, dachte Renate: Nun siehst du Imke nie wieder. Das ist der Abschied.

Umso überraschter war sie, als sie und ihr Mann von dem Bestatter, den ihr eine Mitarbeiterin der Klinik empfohlen hatte, erfuhren, sie könnten sich jetzt erst einmal viel Zeit lassen. Ein paar Tage später könnten sie sich dann nochmals zusammensetzen. Dem Bestatter schien es wichtig zu sein, den Eltern zu ihrer ganz persönlichen Gestaltung des Abschieds zu verhelfen.

Sie hätten ihr Kind auch wieder mit nach Hause nehmen können. Aber Renate und Bernhard entschieden sich dagegen. Noch immer waren sie nicht umgezogen. Die kleine Wohnung besaß kein separates Zimmer für das Baby. »Nein, wir wollten nicht, dass unser normaler Alltag unmittelbar neben Imke abläuft. Das hätte für uns etwas Entwürdigendes gehabt«, begründet die Mutter ihren Entschluss. »Ich hab im Nachhinein gedacht, ich hätte das Kind vielleicht mit ins Bett genommen. Und es den ganzen Tag herumgetragen ...« Sie unterbricht sich und stellt sich die Frage: »Warum eigentlich nicht? Na gut, ich hatte dann ein Stofftier, einen Frosch. Den hatte ich die ganze Zeit bei mir.«

Und der Abschied? Wie sah er aus? *Den* Abschied, den einen großen Moment der Trennung, gab es nicht. Er bestand vielmehr aus mehreren Schritten. Das Paar folgte dem Rat des Bestatters und kaufte keinen konfektionierten Kindersarg. Zudem nahmen sich beide Zeit. Nach jedem Schritt hielten sie inne und überlegten, wie es weitergehen sollte. Die Mutter gab bei einem Tischler ein kleines Haus mit einem abnehmbaren Dach in Auftrag. Zu mehr war sie an diesem Tag nicht mehr in der Lage. Sie fuhr nach Hause, warf sich aufs Bett, weinte und weinte. Ihr ganzer Körper schmerzte. Sie erinnert sich: »Man könnte immer nur heulen — und schreien: Ich will nicht mehr leben ...«

Trotz allem hatte sie sich fest vorgenommen, das Häuschen selbst zu bemalen. Zuerst wusste sie nicht, woher sie die Kraft dafür nehmen sollte. Sie fühlte sich wund, zerschunden. Jede Bewegung tat ihr weh. Häufig litt sie unter Migräneanfällen, was dann dazu führte, dass sie nur völlig regungslos daliegen konnte. So vergingen die Stunden und Tage — sehr viele Stunden insgesamt — zwischen Malen und Weinen oder Ausruhen und Weinen oder Musik-Hören und Weinen. Noch immer war hinsichtlich der Beerdigung nichts entschieden.

Zwischendurch dachte Renate: Nicht einmal das Haus ist fertig. Das kriege ich nie zu Ende. Manchmal hatten die Tränen Pause, dann las sie. Erstmals beschäftigte sie sich intensiver mit Buddhismus und mit den Gedanken von Mystikern, vor allem mit dem, was sie über den

Tod und das Leben sagen. Plötzlich hatte die Mutter die Vorstellung, dass ihr Kind sich im Raum befände und sie wie eine schützende Kraft umgäbe — so wie sie selbst ihr Kind mit ihrem Körper umgeben hatte.

Als das Häuschen fertig bemalt war, kamen die Lähmungsgefühle wieder. Sie spürte, dass der nächste Schritt zu tun sei, wenn sie nicht in Mutlosigkeit versinken wollte. Es ging um die Trauerfeier, die im Bestattungshaus stattfinden sollte. Die Eltern merkten, dass sie zwei Feiern brauchten: eine für sich, ganz allein mit ihrem Kind, und eine zweite mit der Verwandtschaft. Imke wurde von ihrem Vater in das Häuschen gebettet.

Den Verwandten wurde gesagt: Es gibt keine Programmpunkte. Sagt oder tut, was euch einfällt. Oder tut gar nichts. Das ist auch in Ordnung. Acht Menschen — Eltern, Großmutter und Geschwister — nahmen an der Trauerfeier für die kleine Imke teil. Sie brachten Stofftiere und Abschiedstexte mit. Die Mutter von Bernhard hatte winzige Söckchen gestrickt. Alle Gaben wurden in das Häuschen gelegt, das ja eigentlich ein Sarg war.

Und wie sollte es nun weitergehen? In einem Buch hatte Renate Straßberg über ein Kind gelesen, dem ein außergewöhnliches Ritual gewidmet worden war. Eine amerikanische Mutter hatte den kleinen Körper verbrennen lassen und später im Beisein von Verwandten und deren Kindern die Asche auf der Spitze eines Berges verstreut.

Renate sprach mit Bernhard darüber. Hatten sie beide einen gemeinsamen Lieblingsberg? Nein. Aber wenn sie ihn hätten, könnten sie sich vorstellen, auf seiner Spitze zu stehen und von dort Imkes Asche der Natur zurückzugeben? Auch Bernhard fand Gefallen an dem Bild. Nun lautete die Frage: Wie kommen wir in den Besitz der Asche unseres Kindes? Im Unterschied zu anderen europäischen Ländern dürfen in Deutschland Särge und Urnen nur auf Friedhöfen beigesetzt werden. Entweder werden tot geborene Kinder bestattet — in einem Fall wie Imke *muss* dies unbedingt erfolgen —, oder sie müssen »hygienisch einwandfrei entsorgt« werden. Zwischen diesen beiden Alternativen gibt es nichts.

BIS ZUM KREMATORIUM

Renate und Bernhard entschieden sich auch hier für ihre ganz persönliche Variante. Auf eigene Faust zogen sie Erkundigungen ein. Der Weg, der sich ihnen auftat, führte sie nach Holland.

So kam es schließlich, dass sie hinter einem deutschen Leichenwagen herfuhren, der ein bunt bemaltes Häuschen transportierte. Darin lag ihr totes Kind. Für die Eltern von Imke war es gar keine Frage, dass sie auch hier ihrer Tochter Geleit geben würden. Sie taten es bis zu den allerletzten Geschehnissen im Krematorium. »Es kam der furchtbare Moment, als das Häuschen in die Öffnung geschoben wurde«, schildert Renate Straßberg die Situation. Ihr Gesicht ist noch etwas blasser geworden. »Man sieht die Flamme aber nicht. Dann ging die Klappe zu.« Später haben sie persönlich die Urne in Empfang genommen.

Die Mutter lächelt leise. Sie zeigt auf ein Gefäß aus schwerer, bemalter Keramik neben dem Couchtisch. »Da ist die Asche von unserem Kind drin.« Es hat wiederum die Form eines Häuschens, nur sehr viel kleiner.

In den USA wäre das alles nichts Besonderes. In einer mobilen Gesellschaft macht es auch Sinn, wenn man die Asche seiner Verstorbenen nicht zum Friedhof trägt, sondern ihr im eigenen Haus einen würdigen Platz gibt.

Amerikanische Bürger wechseln häufig ihren Wohnort. Es bedeutet für sie keinen großen Sprung, von der Ostküste zur Westküste zu ziehen, obwohl dazwischen einige tausend Kilometer liegen.

Unser Gespräch mit Renate Straßberg fand ein Jahr nach dem Tod von Imke statt. So lange schon steht die Urne im Wohnzimmer. Es habe ein paar Monate gedauert, gibt die Mutter zu, bis sie die Asche habe loslassen können und gewusst habe, wie es weitergehen soll. Nein, sie und Bernhard werden nicht auf einen Berg steigen, um das, was von ihrem Kind übrig blieb, in alle Winde zu streuen. Sie haben den passenden Platz nicht gefunden — und auch nicht das für sie stimmige Ritual. Stattdessen werden sie demnächst in einer anderen Stadt ein Haus beziehen, und dort im Garten wird Imke unter einem Rosenstrauch endlich ihr Grab finden.

Eine lange Geschichte über einen langen Weg. Diese Eltern wollten keineswegs den Abschied so schnell wie möglich hinter sich bringen — was nach landläufiger Meinung gerade bei dem Verlust eines Kindes für Eltern das Barmherzigste sein soll. Stattdessen brauchten sie Freiräume, die es ihnen erlaubten, sich Zeit zu lassen, ihre Gefühle auszudrücken und ihre Form des Abschieds zu entdecken.

EIN NEIN DER FRIEDHOFSVERWALTUNG

Es ist ja nicht so, dass es in unserer Gesellschaft verboten wäre, in der Trauer eigene Wege zu gehen. Es ist eben nur nicht üblich, und deshalb stößt man erst einmal auf Unverständnis oder Widerstand: in der Verwandtschaft, im Bestattungshaus oder bei der Friedhofsverwaltung. Aber es hat sich gezeigt, dass die meisten

Hindernisse — selbst ein entschiedenes Nein des Friedhofsamtes — mit einiger Beharrlichkeit beseitigt werden können. Voraussetzung dafür ist: Man muss ablehnen, was man *nicht* will, und man muss Verbündete finden.

Gut ist, wenn man schon vorher grundsätzlich am Thema interessiert war und bereits ein paar Kriterien für die wichtigsten Entscheidungen besitzt. Wer mit der Suche erst anfängt, wenn der Ernstfall schon eingetreten ist, gerät leicht unter Druck. Ringsum hört er die Behauptung: Die Zeit drängt. Trauerfeier — wo und wann? Welcher Sarg? Welcher Text für die Anzeigen? Die Post muss raus. Du musst dich entscheiden ... Nie würde man sich unter einen solchen Zeitdruck setzen lassen, wenn es um die Planung einer Familienfeier ginge.

Was fehlt, sind nicht die guten Ansätze und Möglichkeiten für die Gestaltung der Trauer, sondern der Austausch darüber. Würde so unbefangen über Tod und Begräbnisse erzählt wie über Urlaubserlebnisse, wäre das Defizit schnell behoben. Aber auf lange Sicht werden Bestatter, wie andere Dienstleistende auch, lernen, umzudenken und sich auf die Wünsche ihrer Kunden einzustellen.

Bestatter, die eine Trauerkultur in diesem Sinne bereits befürworten, signalisieren das durch den Begriff der »TrauerOase«, der als ein Gütesiegel für ausgezeichnete Bestattungshäuser geschaffen wurde. Die so gekennzeichneten Häuser verstehen sich als Orte, an denen den Trauernden Raum und Zeit für ihre Gefühle zugestanden werden, an denen sie Verständnis, Wärme und Herzlichkeit finden. In einer »TrauerOase« muss der Betroffene seinen Schmerz nicht hinter einer mühsam vorgetäuschten Haltung verbergen. Dort werden Sterben, Tod und Trauer als natürliche Erscheinungsformen unseres Lebens betrachtet und als ein Stück Normalität in unserem Alltag erfahrbar.

Darüber hinaus soll eine »TrauerOase« den Trauernden das Gespür für die Wichtigkeit erlebter Trauer, für den Wert der Erinnerung an menschliches Sein und für die Wahrnehmung spiritueller Momente in unserem Alltag vermitteln.

Das Erkennungszeichen der »TrauerOasen« ist ein Ginkgoblatt, das Blatt eines Baumes, der es rund zweihundertsiebzig Millionen Jahre verstanden hat, allen Widrigkeiten zu trotzen — von Klimaveränderungen bis zu anderen Umwälzungen in seiner Lebenswelt. Der Ginkgo ist ein Symbol für das Leben, das Lebendige schlechthin.

EIN ANLASS FÜR MISSVERSTÄNDNISSE

Ein anderes Problem beim Thema »Trauer« ist, dass es leicht zu Missverständnissen kommt. Jeder glaubt zu wissen, wovon die Rede ist, und hört häufig gar nicht mehr genau hin. Über Vergleichbares klagen zum Beispiel Lehrer: Alle Menschen meinen zunächst einmal, sie wüssten genug zum Thema »Schule«, schließlich hätten sie sich ja lange genug dort herumgetrieben. Was sie aber nicht mitbekommen haben, ist der Wandel innerhalb von zwanzig Jahren. Eigentlich müsste man sich über die geänderten Zustände und Werte verständigen, beim Thema »Schule« wie beim Thema »Trauer«.

Es geschieht schnell, dass Sätze, die durchaus richtig klingen und angeblich das allgemeine Menschliche in den Vordergrund rücken, heillose Verwirrung stiften können: Kinder, sagt man, trauern spontan, und sie tun es sporadisch. Sie weinen, und im nächsten Moment wollen sie etwas Süßes essen oder spielen. Junge Frauen klagen eher laut, sie haben keine Hemmungen, anderen ihre Tränen zuzumuten. Männer sind die »Coolen«, denen heutzutage von ihren Frauen oft vorgeworfen wird, sie würden heftigen Gefühlen aus dem Weg gehen, den Gefühlen der Trauer ebenso wie denen der Liebe. Ältere Menschen trauern eher still, und es scheint ihnen wichtig zu sein, gesellschaftlichen Normen zu entsprechen.

Interessant sind diese Sätze deshalb, weil sie völlig unterschiedliche Bewertungen zulassen; nur macht man sich das häufig nicht klar.

Zum Beispiel kann man die Tränen junger Frauen tatsächlich für eine Zumutung halten, anstatt sie dafür zu bewundern, dass sie ihren Gefühlen keinen Zwang antun. Man kann es gutheißen, dass Trauer für Kinder ein ganz normales Gefühl ist, wie der Heißhunger auf Süßes, oder man kann sie dafür tadeln, dass sie den toten Opa von jetzt auf gleich abhaken und lieber Kuchen wollen. Man kann Männer bemitleiden, weil ihr Gefühlsleben angeblich unterentwickelt ist, aber man kann auch sagen: Gut, dass sie sich trauen, so zu sein, wie sie sind, und sich nicht vorschreiben lassen, wie sie sein sollten. Man kann die älteren Menschen bedauern, weil sie sich in ihren Schmerz zurückziehen, man kann aber auch dankbar sein, weil sie ihre Umgebung nicht mit ihrer Trauer belasten. Und man könnte auf die Idee kommen, dass Ältere, die ein Übermaß an Abschieden schon hinter sich haben, der großen Gefühle etwas müde geworden sind.

Gespräche zum Thema »Trauer« brauchen Offenheit und Zeit. Anlässe gibt es genug. Man muss sich nur in seiner unmittelbaren Umgebung umschauen, in der eigenen Straße, in der Nachbarschaft.

Es geschah vor ein paar Jahren in einer rheinischen Großstadt: Im Zentrum eines Viertels betrieb ein türkisches Ehepaar ein Lebensmittelgeschäft mit einer kleinen Metzgerei. Beide waren sie ruhige, zurückhaltende Leute. Das Lammfleisch wurde von Türken wie von Deutschen hoch geschätzt. Wie der Geschäftsinhaber ein Rückenstück zur Hand nahm und dann das Messer, um damit nach und nach die Fettschichten vom Rand zu lösen und ein paar Koteletts herauszuschneiden — das war mehr als Handwerk, das war Meditation.

Eines Tages war das Geschäft geschlossen. In der Mitte des Schaufensters hingen eine Todesanzeige und ein Zeitungsausschnitt. Auf diese Weise erfuhr das ganze Viertel, was geschehen war: Der fünfzehnjährige Sohn der Geschäftsleute war bei einem Unfall gestorben. Er war unter die Gleise eines Güterzuges geraten. Es dauerte nur wenige Stunden, bis überall auf dem Schaufenster Zettel mit Beileidsbekundungen in türkischer und in deutscher Sprache klebten. Vor der Ladentür stapelten sich kleine Blumensträuße.

Im folgenden Jahr war das Ehepaar in seinem Laden noch ruhiger als vorher. An der Wand hing ein kleines Foto vom Sohn. Der Vater gab sich gefasst und sachlich. Am Fleisch säbelte er nicht mehr meditativ, sondern eher geistesabwesend. Die Mutter saß oft neben der Kasse auf einem Stuhl und starrte vor sich hin. Wenn sie zu den Gemüsekästen ging, waren ihre Bewegungen unendlich müde. Jeder in der Nachbarschaft wusste, dass er in diesem Geschäft trauernde Eltern antraf. Die Kunden kamen weiter. Manchmal war das Foto des verunglückten Sohnes Anlass, um über den Verlust zu sprechen.

Die Nachbarn besaßen ein Bild davon, was Mutter und Vater durchmachten, und man ging allgemein davon aus, dass es lange dauern würde, bis sie die schlimmste Zeit hinter sich gebracht hätten.

Ein paar Jahre später: Die türkischen Eltern sind wieder ins Leben zurückgekehrt. Eine Kundenschlange steht geduldig vor der Fleischtheke und schaut einer Meditation mit Lammfleisch zu. Der Mann mit dem Messer ist in seinem Element. Seine Frau kleidet sich nun nach einer jüngeren Mode, und sie hat eine neue Frisur. Wenn jemand einen Scherz macht, lächelt sie. Die Nachbarn erzählen, sie hörten sie manchmal sogar herzhaft lachen. Das sei völlig neu. Vor dem Tod ihres Sohnes habe sie höchstens leise vor sich hin gelacht.

Menschen, die intensiv trauern, wehren sich gegen die Forderung: Sei doch wieder so, wie du einmal warst. »Niemals steigt man in denselben Fluss«, lautet ein asiatisches Sprichwort. Die Trauer holt Menschen an einem bestimmten Punkt ihrer Entwicklung ab, aber führt sie nie mehr dorthin zurück.

Wir haben von dem türkischen Elternpaar erzählt, um zu zeigen, wie erleichternd es für Trauernde ist, wenn sie ihre Gefühle nicht vor ihrer Umgebung verbergen müssen. Gerade unter Geschäftsleuten findet sich die weit verbreitete Haltung: »Wie's da drinnen aussieht, geht niemanden was an.« Es bleibe einem gar nichts anderes übrig, behaupten sie, man müsse der Kundschaft stets ein freundliches Gesicht zeigen, sonst würde man sie vergraulen, und das sei dann das Ende des Geschäfts. Mag sein, dass die türkischen Ladenbesitzer eine Umsatzeinbuße hinnehmen mussten. Vielleicht war es ihnen ja auch ganz recht, dass sie etwas weniger zu tun hatten. Aber heute blüht das Geschäft, und zwar unübersehbar.

Wer sich traut zu trauern, wer seine Gefühle offen zeigt, geht immer auch ein gewisses Risiko ein. Aber wer sich zusammennimmt, wer den tapferen Zinnsoldaten spielt, der riskiert auf lange Sicht sehr viel mehr: dass nämlich das Drama des Verlusts zum lebenslangen Trauma wird.

Kapitel 11

TRÖSTENDE ABSCHIEDE

EINE BLEIBENDE WUNDE IN DER SEELE

Im Jahr 2000 verlor Angeli Rondorf* ihr erstes Kind im dritten Schwangerschaftsmonat. Die engagierte Anwältin war zu diesem Zeitpunkt Ende dreißig und lebte seit zehn Jahren in einer, wie sie sich ausdrückte, komplizierten Beziehung. Lange Zeit war sie nicht bereit gewesen, eine Familie zu gründen. Ihr Leben schien ihr ausgefüllt durch einen interessanten Beruf, mit dem jedoch Bedingungen gegeben waren, die wenig Rücksicht aufs Privatleben nahmen: unregelmäßige Arbeitszeit, häufige Reisen. Und so verstrichen die Jahre. Erst spät wurde ihr bewusst, dass die biologische Uhr tickte: Bald würde sie vierzig sein — wenn überhaupt noch Mutter werden, dann jetzt!

Ohne Frage würde sich ihr Leben sehr verändern. Beruflich würde sie Abstriche machen müssen. Dazu war sie bereit. Aber wie würde ein Kind das ohnehin schon schwierige Zusammenleben mit ihrem Freund beeinflussen? Hier sah Angeli mehr Fragen als Antworten.

Der Moment, an dem sie erfuhr, dass sie schwanger war, gehörte zu den glücklichsten ihres Lebens. Doch ihre Freude dauerte kaum länger als zwei Monate. Es kam der Tag, an dem schwere Blutungen auftraten und ihr im Krankenhaus gesagt wurde: »Sie haben eine Fehlgeburt.«

---

* Name geändert

Es war, als würden alle Vögel dieser Welt schlagartig aufhören zu singen. Ihre Zukunft versank ... Schwere Monate folgten, in denen sie sich kaum von ihrem Verlust erholte. So sehr hatte sie sich nach diesem Kind gesehnt! So sehr hatte sie sich schon als Mutter gefühlt!

Und der Vater? Trauerte auch er, oder trauerte er nicht? Sie wusste es nicht. Es war ihnen beiden nicht möglich, so miteinander zu reden, dass sie sich wechselseitig ihre Gefühle verständlich machen konnten. Angeli Rondorf sah sich allein gelassen, und in der Folgezeit zog sie sich immer mehr von ihm zurück. Was früher zwischen ihnen Schwierigkeiten gewesen waren, wurde nun zum Hindernis und schließlich zur Mauer. Sie trennten sich.

Zu ihrer eigenen Überraschung blieb Angeli nicht lange allein. Es gab einen Mann, einen gleichaltrigen Pfarrer, den sie zuvor aus beruflichen Gründen gelegentlich getroffen hatte. Offenbar war er schon eine Weile in sie verliebt gewesen, denn als er von ihrer Trennung erfuhr, fing er offen an, um sie zu werben.

Piet Reuter* war feinfühlig, lustig und hatte selbst schon einige Lebenskrisen gemeistert. Er verstand es, sie zu trösten. Sein Optimismus wirkte oft ansteckend. Aber es blieb eine Wunde in ihrer Seele, die von Zeit zu Zeit heftig schmerzte: der Verlust ihres Kindes; die große Angst, nie mehr schwanger zu werden — zu spät, zu spät ...

Piet versuchte sie zu beruhigen, was ihm auch häufig gelang. Aber dann kam das Datum, an dem seine Freundin einfach nicht mehr zu trösten war: der Tag, an dem ihre Fehlgeburt genau ein Jahr zurücklag.

---

* Name geändert

Piet brachte sie mit einer Frau aus seinem Freundeskreis zusammen, die sich beruflich sehr umfassend mit den Themen »Tod« und »Trauer« beschäftigt hatte. Angeli sprach mit ihr über ihren Kummer: Ihr Kind war gestorben; es hatte keinen Abschied gegeben, geschweige denn ein Begräbnis. Die Frau brachte Angeli auf den Gedanken, ihr Kind symbolisch zu bestatten.

Die Trauernde nahm die Anregung sofort auf: Ja, sie könne sich ein Ritual vorstellen, und zwar am Grab ihrer Mutter, die sie schon früh verloren hatte.

In den folgenden Monaten beschäftigte sie sich immer wieder mit Fragen, die halfen, ein stimmiges Abschiedsritual vorzubreiten: Wie könnte die Zeremonie aussehen? Welche Menschen wollte sie dabeihaben? Wie könnte sie erklären, warum ihr das Begräbnis so wichtig war? Wer unter ihren Verwandten und Freunden würde das ganze Vorhaben für Spinnerei halten?

Gelegentlich sprach sie mit Piet darüber. Aber er merkte auch ohne Worte, wann sie wieder an ihr Kind und an den bevorstehenden Abschied dachte. Einmal sah er sie am Nordseestrand Muscheln sammeln, und er sagte: »Nicht wahr, die sind für dein Kind?«

Sie nickte. In diesem Moment wusste sie, dass sie bei dem Begräbnis nur Piet und sonst niemanden dabeihaben wollte. Doch den Tag, an dem das Abschiedsritual stattfinden sollte, den vermochte sie nicht festzulegen. Sie vertraute ihrem Gefühl. Es würde ihr schon sagen, wann der Zeitpunkt gekommen sei.

Eines Morgens sagte sie zu Piet: »Lass uns zu Mutters Grab fahren. Es ist so weit.«

Piet zog einen Anzug an, und zwar den, den er als Pfarrer bei seinen Beerdigungen trug. Er hatte für die

Zeremonie einen Text vorbereitet. Angeli kaufte Rosen. Am Grab ihrer Mutter legte sie die Blumen nieder — und die Muscheln. Sie waren das Symbol für ihr Kind. Piet sagte in seiner Ansprache:

Es war doch schon da — dein Kind.
Erwünscht, ersehnt, erwartet.
Und das warst du, Kind:
Erwünscht und ersehnt und erwartet
— geliebt.

So, wie Angeli ihr Herz und ihre Hände öffnete,
als du gekommen bist,
öffnen wir jetzt unsere Hände, um dich loszulassen.

In das Leben, lebendiger als alles Leben,
das ich mir vorstellen kann.
In die Liebe, tiefer als alle Liebe, die ich empfinden kann,
in die Geborgenheit, bergender als alle
Geborgenheit der Welt.
Dort gehst du nicht verloren, Kind,
bist du gut aufgehoben, Kind.
Dorthin können wir dich legen, Kind.

Wie die Sonne ihre Strahlen sammelt am Ende des Tages,
ohne auch nur die kleinsten zu verlieren,
und ihr Licht leuchten lässt an jedem neuen Morgen,
mit jedem Strahl,
auch dem kleinsten,
so kehrt das Leben zurück zu seiner Zeit.

Zwei Wege gehen wir.
Hierher. Zu dem Grab der Mutter.
Hier soll dein Gedenkort sein, Kind.

Und unser Ort der geöffneten Hände.
Bis hierher:
mit Schmerz und Enttäuschung,
mit Verzweiflung und Angst,
bis hierher mit all deiner großen Liebe,
der Weg, den wir durch den Tod gehen müssen.

Gott — erbarme dich.

Den zweiten Weg gehen wir,
wenn wir von hier fortgehen,
zurück in unser Leben,
zurück auf unseren Lebensweg,
dazu brauchen wir deinen Segen, Gott,
wir,
Angeli und ich, brauchen deinen Segen, Gott,

dass die Schmerzen heilen,
dass das Vertrauen wächst
und die Bereitschaft, die Hände wieder zu öffnen,
— für neues Leben.

Angeli war verblüfft, wie groß unmittelbar nach dem symbolischen Begräbnis ihre Entlastung war. Anschließend gingen sie essen, und sie waren, wie Piet sich später ausdrückte, im wahrsten Sinne des Wortes »guter Dinge«. Der Abschied und der Neubeginn am Grab der Mutter, das nun gleichzeitig der Gedenkort ihres Kindes war, hatte auch ganz konkrete Folgen. Zwei Monate später wurde Angeli wieder schwanger. Sie und Piet beschlossen zu heiraten.

Schon zweimal war der Vater inzwischen dabei, als sein Kind auf dem Ultraschallmonitor zu sehen war. Für das Glück der Eltern gibt es keine Worte.

So schnell kann sich das Leben manchmal zum Guten wenden. Eigentlich ist das nichts Neues. Seit vielen tausend Jahren ist bekannt, dass starke Rituale von großer Wirksamkeit sind — vor allem dann, wenn sie mit Leben, Liebe und der Sehnsucht nach dem »Heil-Werden« erfüllt sind.

DIE GEMEINSCHAFTLICHE TRAUERFEIER FÜR BENNY

Es gab und gibt Eltern, die wünschen sich einen Abschied in aller Stille, da sie von ihren Angehörigen und Freunden nicht die Unterstützung bekamen, die sie angesichts des Verlusts ihres Kindes gebraucht hätten. Andere Mütter und Väter entscheiden sich ganz bewusst für ein Gemeinschaftsritual — obwohl sie wissen, dass sie damit ein Risiko eingehen. Ein gutes Beispiel dafür ist die Abschiedsfeier von Benny.

Bennys Eltern waren schon fünfzehn Jahre zusammen, als sich endlich ihr Kinderwunsch erfüllte. Dann aber geschah das Unfassbare: Benny starb als fünf Monate alter Säugling. Die Eltern dachten sehr lange über die Gestaltung des Abschieds nach.

Bevor die Trauerfeier beginnen sollte, für die in einem Bestattungshaus alles vorbereitet war, gab es die Gelegenheit, am offenen Sarg von dem Baby Abschied zu nehmen. Die Eltern hatten ausdrücklich dazu eingeladen. Zur Trauerfeier selbst würde man dann den Sarg schließen, und am Ende der Feier würde es im Nebenraum Kaffee und etwas zu essen geben. So war es geplant. Aber es kam anders.

Zwar erschienen Verwandte und Freunde pünktlich zum Abschied, doch den entscheidenden Schritt wagten sie nicht. Wie gelähmt sammelten sie sich vor der Tür, hinter der sie der aufgebahrte Benny und seine Eltern erwarteten. Beklommenheit und Angst stand in den Gesichtern der Besucher. Die Zeit verstrich qualvoll langsam.

Schließlich griff die engagierte Bestatterin ein. »Ich habe auch Angst vor der Situation«, gestand sie den Zögernden. »Aber die andere Seite ist: Sie können die Eltern jetzt nicht im Stich lassen. Das verkraften sie nicht! Sie helfen den Eltern nur, wenn Sie jetzt dort hineingehen.«

Die klare Anweisung wirkte. Danach zogen alle zu dem kleinen Sarg. Viele empfanden dies als den erschütterndsten Augenblick ihres Lebens. Aber dann zeigte sich, dass die Situation eher anrührend als erschreckend war.

Der kleine Benny lag da, friedlich, in seinem letzten Bettchen. Es wurde viel geweint. Die Eltern fühlten sich verstanden und getröstet. Einige Freunde gingen vor die Tür, um später Kommenden den Schritt über die Schwelle zu erleichtern. In diesem Fall geschah, was bei Beerdigungen selten ist: Die Anwesenden fühlten sich durch ihre gemeinsame tiefe Erfahrung miteinander verbunden. Das half ihnen, die Situation zu bewältigen und gleichzeitig die leidenden Eltern zu unterstützen.

Die Bestatterin erzählte uns später: »Es war todtraurig, aber es war zu verkraften. Nur war niemand mehr in der Lage, nachher noch Kaffee zu trinken. Das war dann zu viel.«

Während der Trauerfeier blieb der Sarg — anders als geplant — offen. Die Scheu vor dem toten Kind hatte sich aufgelöst. Der kleine Benny war ein letztes Mal die Hauptperson. Alle gaben ihm die Ehre.

LEITFADEN FÜR TRAUERNDE ELTERN

Auch wenn es heute noch schwer vorstellbar ist und bei vielen Ärzten, Hebammen und Geburtshelfern Kritik hervorrufen dürfte, sollten die Themen »Fehlgeburt« und »Kindstod« in Schwangerschaftskursen keinesfalls ausgeklammert werden. Sollten die werdenden Eltern dann ihr Kind tatsächlich verlieren, hätten sie dadurch vielleicht die Chance, die schwere Zeit nicht vollkommen fremdbestimmt zu erleben.

1. Wenn die Wiege leer bleibt, bricht für die Eltern eine Welt zusammen. Was sie nun brauchen, sind Menschen, die sie unterstützen und begleiten. Woran ist deren besondere Qualität zu erkennen? Ganz knapp gesagt: Sie geben den Eltern viel Zeit, damit diese ihren Verlust begreifen können. Ärzte, Krankenhausmitarbeiter, Theologen oder Bestatter, die versuchen, Eltern unter Zeitdruck zu setzen und zu einer Entscheidung zu drängen, haben kein Vertrauen verdient.

2. In fortschrittlichen Geburtshilfestationen erhalten Eltern das Angebot, einen Tag oder länger ungestört mit ihrem toten Kind zu verbringen. Es ist ihre einzige Chance, ihr Baby kennen zu lernen — eine kostbare Zeit, die für den Trauerprozess und ihre Erinnerung überaus wichtig ist.

3. Wenn es sich um ihr erstes Kind handelt, erleben junge Erwachsene in dieser intensiven gemeinsamen Zeit eine

Art Initiation: Sie werden zu Eltern. Das tote Kind bekommt seinen Platz in der Familie.

4. Der Verlust eines Kindes trifft nicht nur die Eltern. Auch für die Geschwister, für die Großeltern und für die engsten Freunde bedeutet der Tod einen Schock. Auch für ihre Trauer kann es hilfreich sein, wenn sie die Chance haben, das Kind noch einmal zu sehen.

5. Ab wann ist es Eltern zuzumuten, eine Unterschrift zu leisten? Antwort: Wenn sie nicht mehr unter Schock stehen. Wenn sie Zeit gehabt haben, sich neu zu orientieren. Häufig raten Krankenhausärzte unmittelbar nach dem Tod eines Kindes zur Obduktion. Hierfür brauchen sie die Einwilligung der Eltern. Auch für diese Entscheidung können Mütter und Väter sich Zeit lassen.

6. Wer im Krankenhaus die Eltern fragt: »Was soll später mit dem Kind geschehen?«, möchte wissen: Bestattung — ja oder nein. Wir raten, in dieser Situation auf keinen Fall etwas zu unterschreiben. Wenn Eltern gut begleitet werden, können sie in aller Ruhe darüber nachdenken und/oder sich mit ihren engsten Vertrauten darüber beraten.

7. Keine Mutter, kein Vater sollte sich einreden lassen, ein Begräbnis sei bei »einem solchen Winzling« übertrieben ... Die Trauer über den Verlust eines Kindes steht in keinem Zusammenhang mit dessen Alter, Größe und Gewicht. Nur die Eltern wissen, wie groß ihr Verlust ist.

8. Es kann sein, dass Eltern im Krankenhaus nicht selbst auf die Idee kommen, ihr Kind zu fotografieren

oder um Fotos zu bitten, und gerade deshalb müssen Krankenhausmitarbeiter es selbst in die Hand nehmen: Bitte keine hastigen Schnappschüsse — auch hier gibt es keinen Grund zur Eile —, sondern die Fotos möglichst mit Liebe machen. Nicht irgendeinem Menschen, weil er gerade Zeit hat, eine Kamera in die Hand drücken. Es gibt immer jemanden auf der Station, der sich für diese Aufgabe besser eignet als andere.

9. Stichwort »Erinnerungen sammeln«: Dazu gehören neben den Fotos die Hand- und Fußabdrücke oder auch ein Löckchen. Alles ist wichtig, was die Existenz dieses Kindes bezeugt. Wenn Eltern sich Details des Aussehens und erkennbare Ähnlichkeiten gleich aufschreiben, werden sie sich später besser daran erinnern können.

10. In den meisten Krankenhäusern wird den Eltern Informationsmaterial über Selbsthilfegruppen angeboten. Geschieht dies nicht, kann es sich lohnen, gezielt nachzufragen. Irgendjemand auf der Station wird wissen, in welcher Schublade die Broschüren zu finden sind. In der Regel haben die Selbsthilfegruppen sich dafür eingesetzt, dass die Kliniken möglichst flächendeckend damit versorgt sind.

11. Eigentlich dürfen Kliniken keine Empfehlungen für Bestattungshäuser aussprechen. Unter der Hand geschieht es aber doch, und das ist gut so, denn man darf junge Eltern, die ja in Fragen der Bestattung fast immer unerfahren sind, bei dieser Entscheidung nicht allein lassen. Die unterschiedliche Qualität der Bestattungsfirmen ist üblicherweise in den Kliniken bekannt. Denn Krankenhausstationen werden gelegentlich von

trauernden Eltern später noch einmal besucht, und dabei sprechen sie auch über ihre Erfahrungen vor und bei der Beerdigung.

12. Es kann sein, dass man in einem Krankenhaus guten Gewissens keinen Bestatter empfehlen kann. Andere Anlaufstellen für diese Adressen können Selbsthilfegruppen, Hebammen und das Internet sein. Manchmal kann sich für die Eltern der Aufwand lohnen, einen Bestatter in einer anderen Stadt zu wählen.

13. Es gibt inzwischen einige Bestattungshäuser, die sich auf Kinderbegräbnisse spezialisiert haben. Hier werden die Eltern auf besonders einfühlsame Weise und mit viel Ruhe begleitet. Niemand drängt sie zu irgendwelchen Entscheidungen. Vor allem werden die Eltern zu einem sehr persönlichen Abschied ermutigt.

14. Ein gutes Bestattungshaus wird den Eltern ermöglichen, ihr Kind zu sehen und es selbst anzuziehen, wenn sie es möchten. Manchmal wehren Bestatter dies ab, indem sie sich auf obskure Hygienevorschriften berufen. Damit wird übrigens gelegentlich auch begründet, warum das Begräbnis schon in ein oder zwei Tagen stattfinden muss ... Vorschriften dieser Art gibt es jedoch nicht. Wenn Eltern die Kraft dazu haben, sollten sie das Beratungsgespräch abbrechen und stattdessen ein seriöses Haus aufsuchen.

15. Es ist für Eltern, die ein Kind verloren haben, nicht möglich, ihre Bedürfnisse gegen heftige Widerstände zu verdeutlichen und durchzusetzen. Darum kann es hilfreich sein, wenn gute Freunde sie in das Bestattungshaus begleiten und ihnen den Rücken stärken oder

eine eventuell notwendige Verhandlung in die Hand nehmen.

16. Es gibt die Möglichkeit, die Toten zu Hause aufzubahren. In diesem Fall fährt der Bestatter — der laut Gesetz als Einziger Tote von einem Ort zum anderen bringen darf — das Kind von der Klinik in die Wohnung der Eltern (siehe auch Punkt achtzehn!). Das Gesetz schreibt außerdem vor, dass eine Leiche nach sechsunddreißig Stunden aus dem Haus geschafft werden muss. Doch ist kein Fall bekannt, dass jemand bestraft wurde, weil er seinen Toten bis zur Beerdigung daheim behielt. Die Sechsunddreißig-Stunden-Regelung entstand aus Angst vor Leichengift und beruht auf uralten Hygienevorschriften, die durch die Wissenschaft längst widerlegt sind. Tote Körper sind nicht giftig.

17. In vielen Fällen haben Eltern für das erwartete Kind das Kinderzimmer schon eingerichtet. Durch die Überführung des toten Kindes nach Hause erhalten die Wochen des Einrichtens einen Abschluss. Darüber hinaus kann dies den Eltern helfen, den Mut zu finden, statt eines gekauften Sarges einen eigenen anzufertigen und eventuell in den Farben des Kinderzimmers zu gestalten.

18. Es kann hilfreich sein, sein totes Kind selbst aus dem Krankenhaus abzuholen und mit dem eigenen PKW nach Hause oder zum Ort, wo es aufbewahrt werden soll, zu fahren. Auch wenn dies noch offiziell verboten ist, sollten Eltern diesen Gedanken erwägen und sich mit der zuständigen Hebamme, dem Arzt oder dem Bestatter abstimmen. Es ist tröstlicher, sein Kind mit eigenen Händen zu überführen, als dies einem Bestatter

zu überlassen. Viele Menschen bewundern die Pieta Michelangelos, wenn wir aber unser totes Kind selbst auf den Arm nehmen wollen, wird es uns verwehrt.

19. Da sich die meisten Eltern scheuen, ihr Kind in der Wohnung zu behalten, ist es gut, wenn es in Bestattungshäusern die Möglichkeit des Aufbahrens gibt. Allerdings sollte dies in angenehmen Räumen geschehen, sonst bekommen die Eltern zusätzlich einen Schock. In kalten, womöglich gekachelten Räumen kann sich keine wohltuende Atmosphäre entwickeln.

20. Wenn die Eltern in der Klinik keine Chance hatten, eine gewisse Zeit ungestört mit ihrem Kind zu verbringen, könnte dies im Bestattungshaus nachgeholt werden. Es bietet sich dann auch die Möglichkeit, Familienangehörige und Freunde dazu einzuladen.

21. Immer häufiger geschieht es, dass Eltern bereits vor der Beerdigung das Zusammensein mit ihrem Kind als intime Abschiedsfeier gestalten. Großeltern, Onkel, Tanten, Geschwister und/oder Freunde kommen hinzu. Oft bringen sie dem Kind Geschenke mit: Kuscheltiere, Kleidung, Schmuck oder selbst gemalte Bilder. Einige dieser Geschenke werden später als Gaben in den Sarg gelegt.

22. Ein persönlicher Abschied bedeutet: Eltern können alles tun, was ihnen hilft, ihre Gefühle des Schmerzes, der Trauer und der Liebe auszudrücken. Sie müssen nicht alles gleich beim ersten Beratungsgespräch entscheiden, sondern sie können Schritt für Schritt vorgehen. Zum Beispiel: Während sie zu Hause den Sargdeckel bemalen oder selbst ein kleines Haus bauen, während sie Fotos

von der Schwangerschaft anschauen, vielleicht sogar Kinderlieder hören, fangen sie langsam an, sich über die Art der Trauerfeier Gedanken zu machen. Erst wenn darüber Klarheit herrscht, haben sie den Kopf frei, um sich mit den Fragen des Begräbnisses detailliert zu beschäftigen.

23. Da das Mieten von Grabstätten teuer ist, bieten viele Kommunen oder kirchliche Friedhöfe inzwischen kostenlose Gräberfelder für Kinder an. Für manche Eltern kann es ein Problem sein, wenn hier nur die anonyme Bestattung erlaubt ist. Kirchen und andere Institutionen müssen sich dafür einsetzen, dass wenigstens der Name des verstorbenen Kindes irgendwo zu lesen ist. Am besten ist es, wenn jedes Grab durch eine kleine Namensplatte gekennzeichnet werden kann.

24. Auf einigen Friedhöfen ist es möglich, einen Kindersarg im Grab eines verstorbenen Angehörigen, zum Beispiel in dem der Großmutter, beizusetzen. Es würde vielen jungen Eltern helfen, wenn dies keine Einzelfälle blieben.

25. Manche Bestatter bieten den Eltern eine so genannte »Beilegung« an: Das Kind wird in den Sarg eines anderen gerade Verstorbenen gelegt. Es gibt Eltern, die dem zustimmen, wenn sie erfahren, dass dieser Mensch sehr kinderlieb gewesen ist — und dass seine Angehörigen aus denselben Gründen damit einverstanden sind, wenn man dem Opa oder der alten Mutter ein totes Baby in den Arm legt. In diesem Fall wird aber keine gemeinsame Beerdigung möglich sein. Das heißt, die Eltern sind bei der Grablegung ihres Kindes nicht dabei. Meistens ist es so, dass die Eltern wenige Tage später eine

Trauerfeier am Grab abhalten. Der Name wird nicht auf dem Grabstein genannt. Dennoch ist es für die Eltern tröstlich, denn sie haben — im Unterschied zur anonymen Bestattung — einen konkreten Ort für ihre Trauer, von dem sie wissen: Hier liegt unser Kind.

26. Es kann für die Eltern ein wichtiger Teil der »Trauerarbeit« sein, wenn sie gemeinsam ihr Kind zum Grab bringen und in die Erde legen. Dieser Gang kann auch als Abschluss einer Begleitung gesehen werden. Die Mutter hat ihr Kind in ihrem Bauch getragen, der Vater trägt es auf dem letzten Stück seines irdischen Lebensweges, und gemeinsam legen sie es in die Erde. Beim Zuschaufeln des Grabes können auch die Trauergäste helfen.

27. Bei einem Kinderbegräbnis sollten Trauergäste ihre eigenen Kinder nicht zu Hause lassen, es sei denn, es wird von den betroffenen Eltern ausdrücklich so gewünscht.

28. Es ist nicht grausam, Kinder mit dem Tod zu konfrontieren, denn sie begreifen von einem solchen Ereignis nur so viel, wie sie verkraften können. Auch Kinder brauchen Rituale des Abschieds — für ihre Erinnerung und für ein späteres Begreifen. Auch für sie kann es belastend sein, wenn ein Mensch plötzlich auf Nimmerwiedersehen aus ihrem Leben verschwindet.

29. Es geschieht immer wieder, dass sich Pfarrer angesichts des Todes eines Kindes überfordert fühlen, weil es an einer entsprechenden Ausbildung gefehlt hat. Andererseits ist auch nicht jeder für diese Aufgabe geeignet. Ein hilfloser Pfarrer kann Trauernden aber

nicht den Rücken stärken. Es wäre gut, wenn sich zumindest in Ballungsgebieten einzelne Pfarrer auf Kinderbegräbnisse spezialisieren würden.

30. Es wäre heute schon hilfreich, wenn die Namen der besonders dafür geeigneten Pfarrerinnen und Pfarrer in Gemeindebüros und Bestattungshäusern bekannt wären.

31. Viele Eltern klagen darüber, dass ringsum das große Schweigen ausbrach, als ihr Kind starb. Trauernde Mütter und Väter müssen große Anstrengungen auf sich nehmen, damit ihr Kind nicht vergessen wird. Sie haben nicht nur den Verlust zu verkraften, sondern auch noch eine Umwelt, die sich so verhält, als habe ihr Kind nie existiert.

32. Einige wenige Eltern wehren sich gegen das Verschweigen, indem sie auf die Frage: »Wie viele Kinder haben Sie?«, wie selbstverständlich auch das verstorbene Kind aufzählen. Eine solche Haltung ist jedoch noch so unüblich, dass sie bei fast allen Menschen Verlegenheit auslöst: Auf eine harmlose Frage werden sie mit dem Tod eines Kindes konfrontiert. Aber die betroffenen Eltern, für die ja die Frage nach der Zahl ihrer Kinder alles andere als harmlos ist, sind erleichtert, wenn sie sich nicht mehr verstellen müssen.

ADRESSEN

Aeternitas e.V.
Verbraucherinitiative Bestattungskultur
Im Wiesengrund 57
53639 Königswinter
Telefon: 0 22 44-9 25 37
Fax: 0 22 44-9 25 38
E-Mail: aeternitas@t-online.de
Internet: http://www.aeternitas.de

Akademie für menschliche Begleitung
Goldammerweg 9
45134 Essen
Telefon: 02 01-44 24 69
Fax: 02 01-47 18 00
E-Mail: mail@ambnet.de
Internet: http://www.canacakis.de
Anlaufstelle für Rat- und Hilfesuchende zum Thema »Trauer«

ALPHA Rheinland
von-Hompesch-Str. 1
53123 Bonn
Telefon: 0 22 08-74 65 47
Ansprechpartner zum Thema »Hospizarbeit« und »Begleitung Sterbender und trauernder Angehörigen« in NRW

Bundesarbeitsgemeinschaft Hospiz zur Förderung von ambulanten, teilstationären und stationären Hospizen und Palliativmedizin e.V.
Am Weiherhof 23
52382 Niederzier
Telefon: 0 24 28-80 29 37
Fax: 0 24 28-80 28 92
E-Mail: bag.hospiz@hospiz.net
Internet: http://www.hospiz.net

Deutsche Hospiz Stiftung
Im Defdahl 5-10
44141 Dortmund
Telefon: 02 31-7 38 07 30
Fax: 02 31-7 38 07 31
Internet: http://www.hospize.de

Deutscher Kinderhospizverein
Kupferweg 6
57462 Olpe
Telefon: 0 27 61-96 95 55
Fax: 0 27 61-96 95 56
E-Mail: info@deutscher-kinderhospizverein.de
Internet: http://www.kinderhospizverein.de

DIE CHANCE
Beate Weber
Stresemannstr. 26
71634 Ludwigsburg
Telefon: 0 71 41-1 87 71
Selbsthilfegruppe für verwaiste Eltern mit den Schwerpunkten »Frühtod«, »Totgeburt«, »Plötzlicher Säuglingstod«

DOMINO — Zentrum für trauernde Kinder e.V.
Auf dem Broich 24
51519 Odenthal
Telefon: 0 21 74-43 99
Fax: 07 21-1 51 35 81 82
E-Mail: kontakt@zentrakin.de
Selbsthilfegruppe für trauernde Kinder und Angehörige

GEPS Deutschland e.V.
Gemeinsame Elterninitiative Plötzlicher Säuglingstod
Rheinstr. 26
30519 Hannover
Telefon: 05 11-8 38 62 02
Fax: 05 11-8 38 62 02
E-Mail: geps-deutschland@t-online.de

Gesprächs- und Kontakttreff »Nur ein Hauch von Leben« in der Evangelischen Familienbildungsstätte
Schwanenwall 34
44135 Dortmund
Telefon: 02 31-8 49 44 04
Fax: 02 31-8 49 44 06
Internet: http://www.familienbildung-do.de

Initiative Regenbogen »Glücklose Schwangerschaft« e.V.
Hauptgeschäftsstelle
In der Schweiz 9
72636 Frickenhausen
Telefon: 0 55 65-13 64
Telefax: 05 61-5 85 86 27
Internet: http://www.initiative-regenbogen.de

IGSL — Internationale Gesellschaft für Sterbebegleitung und Lebensbeistand e.V.
Zeppelinstr. 6
55411 Bingen
Telefon: 0 67 21-1 03 18/-92 11 61
Fax: 0 67 21-1 03 81
E-Mail: geschaeftsstelle@igsl-hospiz.de
Internet: http://www.igsl-hospiz.de

KOSKON
Koordination für Selbsthilfe (NRW)
Friedhofstr. 39
41236 Mönchengladbach
Telefon: 0 21 66/24 85 67
E-Mail: koskon@t-online.de
Internet: http://www.koskon.de

Nakos
Nationale Kontakt- und Informationsstelle zur Anregung und Unterstützung von Selbsthilfegruppen
Albert-Achilles-Str. 65
10709 Berlin
Telefon: 0 30-8 91 40 19
Fax: 0 30-8 93 40 14
E-Mail: nakos@gmx.de
Internet: http://www.nakos.de

Notfallseelsorge
Telefon: 02 28-82 29
Internet: http://www.notfallseelsorge-westfalen.de

OMEGA — Mit dem Sterben leben e.V.
Bundesgeschäftsstelle
Postfach 1407
34346 Hann. Münden
Telefon: 0 55 41-48 81
Fax: 0 55 51-40 76
E-Mail: bundesbuero@omega-ev.de
Internet: http://www.omega-ev.de

Private Trauerakademie Fritz Roth
Kürtener Straße 10
51465 Bergisch Gladbach
Telefon: 0 22 02-9 35 80
Fax: 0 22 02-3 71 23
Internet: http://www.trauerakademie.de
Veranstaltungs- und Vortragshaus zu den Themen »Sterben«, »Tod« und »Trauer««

»Sternschnuppe«
Selbsthilfegruppe für trauernde Eltern
c/o Jürgen Kempf
von-Galen-Str. 74
51063 Köln
Telefon: 02 21-6 40 50 20

TAU e.V.
Trauer — Abschied — Umwandlung
Lebendiges Netzwerk von TrauerbegleiterInnen
Geschäftsstelle
Suse-Annette Hasenfus
Heinrich-Heine-Straße 10
74388 Talheim/Neckar
Telefon: 0 71 33 20 02-88
Fax: 0 71 33 20 02-89
E-Mail: geschaeftsstelle@tau-ev.de
Internet: http://www.tau-ev.de

Telefonseelsorge
Evangelisch
Telefon: 08 0 00-1 11 01 11
Katholisch
Telefon: 08 00/1 11 02 22
Kinder- und Jugendtelefon: 08 00/1 11 03 33

TrauDichReisen
Martina Taruttis-Schöndelen
Johann-Bunte-Straße 73
26871 Papenburg
Telefon: 0 49 61-7 11 23
Fax: 0 49 61-7 11 13
E-Mail: TrauDichReisen@t-online.de
Internet: http://www.TrauDichReisen.de
Reisen für trauernde Menschen, die Raum für Meditation, Trauerrituale und -gespräche geben

Trauerbegleitung Tabu e.V.
Tiegelstr. 23
45141 Essen
Telefon: 02 01-32 87 77
Fax: 02 01-8 32 53 68
E-Mail: tabu-team@online.de

TrauerOase
Kürtener Straße 10
51465 Bergisch Gladbach
Telefon: 0 22 02-9 35 80
Fax: 0 22 02-3 71 23
Internet: http://www.traueroase.de
Gütegemeinschaft zukunftsorientierter Bestattungshäuser

Trauerwege e.V.
Breite Straße 21
55124 Mainz-Gonsenheim
Telefon: 0 61 31-23 11 00
Internet: http://www.veid.de

Verwaiste Eltern in Deutschland e.V.
Bundesstelle
Fuhrenweg 3
21391 Reppenstedt
Telefon: 0 41 31-6 80 32 32
Fax: 0 41 31-68 11 40
E-Mail: kontakt@veid.de
Internet: http://www.veid.de

Bode, Sabine/Fritz Roth: *Der Trauer eine Heimat geben. Für einen lebendigen Umgang mit dem Tod*; Lübbe, Bergisch Gladbach ²1999
D'Arcy, Paula: *Wenn ein naher Mensch in Trauer ist*; Herder, Freiburg i. Br. 1993
Fallaci, Orania: *Brief an ein nie geborenes Kind*; Deutsch von Heinz Riedt. © Goverts im S. Fischer Verlag, Frankfurt a. M. 1977
Flieger, Brigitte: *Beim ersten Kind kam alles anders*; Herder, Freiburg i. Br. 1994
Friesen, Astrid von: *Du bist tot. Ich muss noch leben. Trauer um meinen Mann;* Kreuz Verlag, Stuttgart 2000
Hark, Helmut: *Den Tod annehmen*; Kösel-Verlag, München 1995
Kehrer-Kremer, Bärbel: *Und immer stirbt ein Teil von uns*; in: Die Schwester/Der Pfleger, 32. Jahrgang 6.93
Klass, Dennis/Steven L. Nickman/Phyllis R. Silverman (Hg.): *Continuing Bonds*; Hemisphere Publishing Corporation, Washington, DC, 1996
Körner-Armbruster, Angela: *Totgeburt weiblich. Ein Abschied ohne Begrüßung*; © Attempto Verlag, Tübingen ²1996
Lothrop, Hannah: *Gute Hoffnung — jähes Ende*; Kösel-Verlag, München 1997. Erw. und vollständig überarb. Auflage 1998 (9. aktualisierte Auflage 2001)
Lutz, Gottfried/Barbara Künzer-Riebel (Hg.): *Nur ein Hauch von Leben*; Verlag E. Kaufmann, Lahr 1997 (Überarbeitete Neuauflage 2002)
Paul, Sabine: *Totenhemd statt Taufkleid*; in: Die Zeit, 8.1.1998

Roggenkamp, Viola: *Infektiöser Müll*; in: Die Zeit, 30.7.1998

Schindele, Eva: *Schwangerschaft. Zwischen guter Hoffnung und medizinischem Risiko*; Rasch und Röhring, Hamburg 1995

Dies., *Wenn der Wunsch nach Kindern zurückgestellt wird*; in: Frankfurter Rundschau, 6.12.2000

1 Bremer Thesen 1984
2 Hannah Lothrop, a.a.O., S. 231
3 Ebd.
4 Angela Körner-Armbruster, a.a.O., S. 59
5 Orania Fallaci, a.a.O., S. 7
6 Ebd., S. 10
7 Ebd.
8 Ebd., S. 86 f.
9 Ebd., S. 87
10 Eva Schindele, zitiert nach: Dies., *Wenn der Wunsch nach Kindern zurückgestellt wird*; Frankfurter Rundschau, 6.12.2000
11 Ive Stöbel-Richter zitiert nach: Eva Schindele, *Wenn der Wunsch nach Kindern zurückgestellt wird*; Frankfurter Rundschau, 6.12.2000
12 Eva Schindele, ebd.
13 Ebd.
14 Ebd.
15 Ebd.
16 Hannah Lothrop, a.a.O., S. 43
17 Sekretariat der Deutschen Bischofskonferenz (Hg.): *Eltern trauern um ihr totes neugeborenes Kind*; 1993
18 Gottfried Lutz/Barbara Künzer-Riebel, a.a.O., S. 6
19 Dennis Klass in: Dennis Klass/Steven L. Nickman/Phyllis R. Silverman (Hg.), *Continuing Bonds*; Hemisphere Publishing Corporation, Washington, DC, 1996
20 Bärbel Kehrer-Kremer, *Und immer stirbt ein Teil von uns*; in: Die Schwester/Der Pfleger 32. Jahrgang, 6.93
21 Ebd.
22 Viola Roggenkamp, a.a.O.
23 Ebd.
24 Gottfried Lutz/Barbara Künzer-Riebel, a.a.O., S. 27

[25] Ebd., S. 38
[26] Ebd.
[27] Ebd., S. 12
[28] Astrid von Friesen, a.a.O., S. 15
[29] Ebd., S. 25 ff.
[30] Ebd., S. 32

Der kleine Sebastian wurde nur vier Monate alt. Eines Morgens findet seine Mutter Anne ihn tot in seiner Wiege. Er starb am plötzlichen Kindstod. Der Verlust des fröhlichen Babys ist für die Familie eine unsagbare und unbegreifliche Tragödie. Um diesen Schicksalsschlag zu bewältigen, beginnt Sebastians Mutter Anne sich über das noch wenig erforschte Phänomen des plötzlichen Kindstods zu informieren. Eher zufällig stößt sie auf eine fast zwei Jahre alte Studie aus Neuseeland über vorbeugende Maßnahmen. Die Ergebnisse dieser Studie waren den Gesundheitsbehörden bekannt, sie hatten jedoch nicht unternommen, um die Bevölkerung zu informieren. Im Gedenken an Sebastian startet Anne eine landesweite Aufklärungskampagne ...

ISBN 3-404-61385-6

BASTEI LÜBBE

Annas Schwangerschaft war schwer und überschattet von der ständigen Angst, das Kind könnte zu früh kommen. Als endlich die Wehen einsetzten, rechnete sie mit einem Kaiserschnitt, denn ihr Frauenarzt hatte festgestellt, daß ihr Becken für eine normale Geburt wahrscheinlich zu eng sein würde. Doch der Professor, der ihrem kleinen Christopher auf die Welt helfen sollte, war anderer Meinung. Als er erkannte, daß die Vermutung seines Kollegen stimmte, war es zu spät.

Das Baby lebte zwar, aber sein Gehirn hatte schwere Schäden erlitten. Anna waren nur drei Monate mit ihrem heißersehnten Sohn vergönnt.

ISBN 3-404-61270-1

BASTEI LÜBBE